禪味奈良

大和古寺慢味

秦就 著

自序‧

穿越時空，走訪奈良之窗

奈良——平城京，一個比京都更古老的都城，剛過完一千三百年生日。代表生日的吉祥物叫Sentokun（せんとくん），其發音是日文的「遷都君」，和「遣唐君」的發音也相近。據說這個造形在二〇〇八年公布時，奈良人都啞然失色，批判的聲音不絕於耳。因為吉祥物通常都是用動物為多，可是這Sentokun卻是鹿角童子的造形，就像小沙彌長了鹿角，是以輿論嘩然，認為這是對佛教的侮辱。

不過，平心而論，光頭與袈裟的外型，令人聯想起佛教，自不待言，而走在奈良街上，眼尖的遊客可能會發現警告小鹿躍起的交通號誌牌，提醒駕駛人小心野鹿。所以，對於這個這吉祥物，或許因個人好惡不同，而難以評論其優劣好壞，但造形上的確立刻讓人聯想起奈良。

日本的奈良時代是個朝氣蓬勃，求知若渴的時代。

八一〇年，日本從藤原京遷都平城京，新都倣唐都長安和北魏洛陽。

這期間不斷派出遣唐使，以四條船編成船隊，每條船約搭乘百人。這樣浩浩蕩蕩的使節團約每二十年一次，甚至奈良時代都結束了，仍持續進行。持續派遣的動力，無非是向其他國家——主要是大唐帝國，吸取先進的文化、制度，以及傳入可以鎮護國家、安定心靈的佛教。

除了遣唐使，日本還派出遣新羅使，且次數頻繁，先是新羅以朝貢形式派遣使者赴日，以學習各種先進技術，也趁機透過新羅調查海外情勢。即使後來新羅使不再前來，但新羅民間仍和日本保持熱絡的貿易往來。現在東大寺的正倉院所藏，有不少即是透過新羅商人所仲介，有些寶物甚至是波斯一帶所產。

不只新羅，日本還有到渤海國的遣渤海使、到耽羅（濟州島）的遣耽羅使等，和周邊各國保持著密切的來往，並不願讓自己孤懸海外。但時間橫亙最長的，還是持續了兩百年以上的遣唐使。

這種理念展現在佛教上，便是當時的佛教信仰也相當國際化。本書中提及的東大寺大佛開光時，在佛前表演的有久米舞、唐古樂、高麗樂、林邑樂等各國舞樂，外國僧侶有天竺僧菩提僊那、唐僧道璿、林邑國僧佛哲等。透過這些交流，加上曾在外國學習知識的留學生和留學僧在回日本後，也在各階層扮演起領導者的角色，都加深了奈良佛教的國際化色彩。

奈良在建都的同時，也同時建寺，雖然當時的佛寺現多已重建，卻不影響我身置歷史現場的感覺，反而因為歷代建築、佛像都可在這裡見到，於是走在奈良街上，更像是在時空走廊中漫步。

奈良時代佛教傳入未久，信眾為表虔誠，競相建寺、造像，而且往往又高又大，像是奈良盧舍那大佛、長谷寺木造觀音、岡寺泥塑觀音，都是日本同類佛像中最大的。不但高大，更有不少雕像且在臺灣很少見到，像東大寺的仁王、金峰山寺的藏王，及許多天王、神將，雖都一臉凶相，卻給人充滿生命力、律動感的印象。

建築方面，飛鳥、天平時代受到亞洲大陸的影響，像東大寺初建時即有唐代風格，當時將近日本一半的人口都曾參與建寺造佛，令人嘆為觀止。日本建築在平安時代，就已發展出自己的獨特性，但到了東大寺第一次重建時，需要在極短的時間內建成單純、堅固的建築，於是引進了「天竺樣」，現今保持得最完整的是其南門。這種形式如今在日本卻難得看到，雖名為「天竺樣」，但起源和印度一點關係也沒有，實際上卻是從南宋的閩、浙一帶傳入，而東大寺正是這種建築形式的代表，所以現在多稱為「大佛樣」。這種建築手法在臺灣的古建築頗為常見，小時經常去的淡水媽祖廟、龍山寺因為有著相似的建築手法，而給我分外的親切感。

在臺灣我們很容易便能接觸到禪宗、淨土宗，但古都奈良的寺院卻包含多種宗派，各宗派在這時相繼傳入，也呼應了前述所說奈良的國際性與開放性。

所謂「人能弘道，非道弘人」，宗教的弘揚，要靠許多有毅力的宗教家宣揚，日本許多赫赫有名的大師，甚至後來開創平安（京都）佛教的最澄、空海等大師也都曾在奈良修行。

走在藥師寺，想起玄奘法師不畏艱難，穿沙漠，翻高山一路走到印度的那爛陀寺，那毅力也震動了日本人的心靈，藥師寺的玄奘塔上的額匾所寫的「不東」，就令訪者低迴不已。走在唐招提寺，看到唐招提寺蓮、看到和尚塔，想著日本國寶鑑真和尚坐像，那業已失明，仍是無怨無悔的神情，又有幾個人能不為其驚人的願力、耐力所傾倒折服。

多年前，我寫下唐招提寺與鑑真的故事而得到一個文學獎的獎勵，這本書所收錄的寺院，建寺過程都有許多感動人心的故事。希望讀者能經由閱讀本書，對於佛教在日本的傳布，及其給予日本人在精神、文化上的滋養能有更進一步的認識。只因才疏學淺，雖已盡力做到我所能做的，如有不盡人意之處，敬請批評指正。其間編輯不斷的鞭策、許多未曾謀面的朋友所提供的照片，以及長期在佛教文學筆耕不懈的梁寒衣居士的鼓勵，都是本書得以完成的助緣，在此表達最深的感謝。

那次參觀完海龍王寺，穿越平城宮跡，到達朱雀門時已是黃昏，走到長屋王邸跡附近，我和朋友迷失方向，不知要到哪裡搭車，路上突然有成千上萬的鳥，從各處飛集在一棵樹上，那時才知什麼叫眾鳥雲集，鳥影密密麻麻，彷彿一團烏雲籠罩天空，感覺整棵樹都快要承載不下那麼多鳥了，但鳥群依舊勇往直前，想要找個能落腳處，我們都被那壯觀的場面所震懾。

天底下的事，是不是也是這樣？集眾人之力去做一件事，就能發揮令人感動的能量，奈良大佛就是這樣完成的。

同樣的，只要盡一已之力，義無反顧去完成一件認為有價值的事，便能毫無怨尤，鑑真和尚便是典範。

奈良時代最令我激賞的是當時的人有著國際化的視野與胸襟。長屋王的話正表現了這種氣度，他在接待新羅人時寫下：「桂山餘景下，菊浦落霞鮮。莫謂滄波隔，長為壯思篇。」的詩句，要對方不要怕滄波萬里，能繼續往來。在贈給唐朝僧侶的一千件袈裟上繡著：「山川異域，風月同天，寄諸佛子，共結來緣。」於是化成鑑真和尚前往日本的動力。

我是這樣看奈良的，相信去過奈良的人，也會有相同的共鳴。

奈良寺院位置圖

近鐵線
JR 線

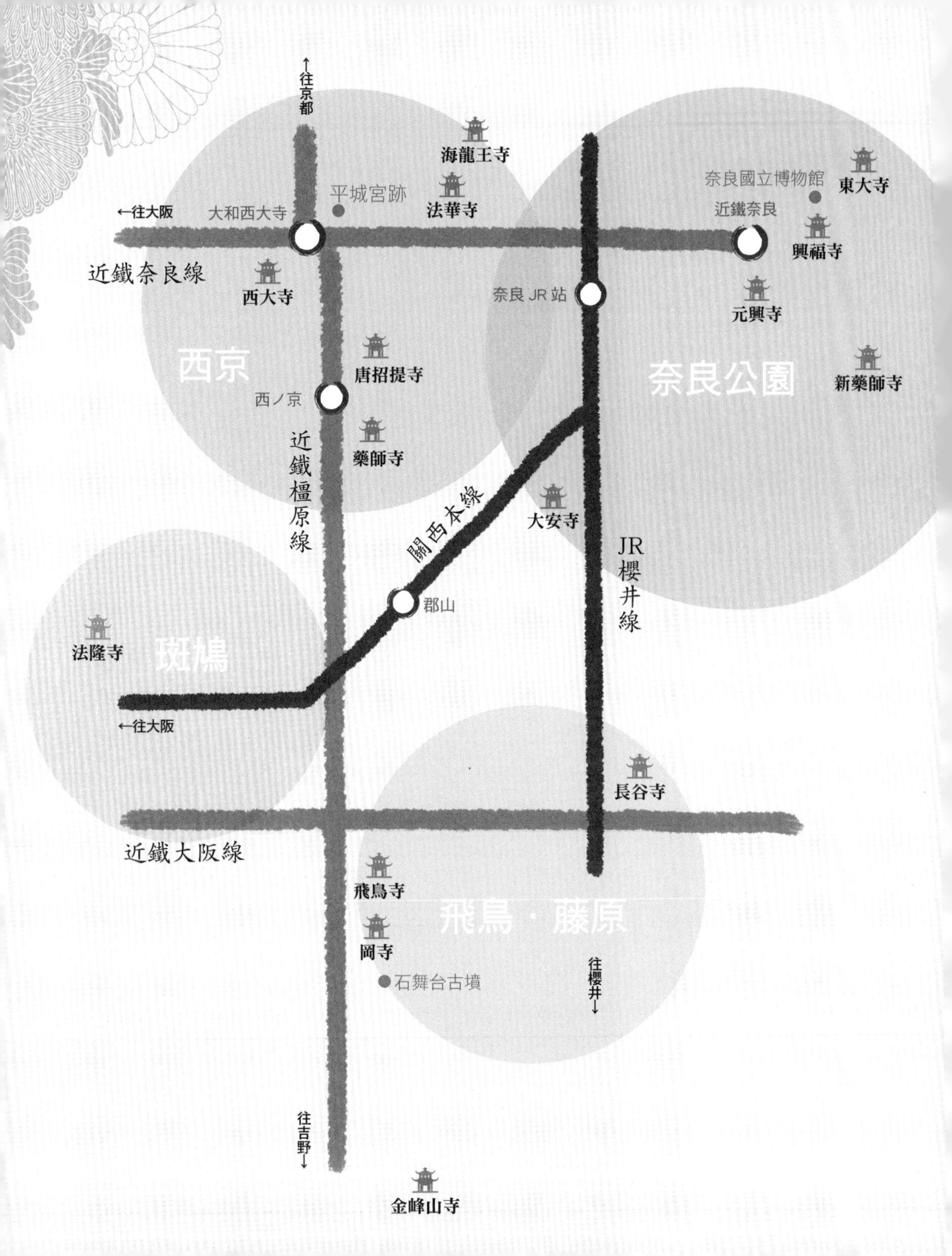

往京都
海龍王寺
平城宮跡
法華寺
往大阪
大和西大寺
近鐵奈良線
西大寺
奈良國立博物館
東大寺
近鐵奈良
興福寺
奈良 JR 站
元興寺
西京
唐招提寺
西ノ京
奈良公園
新藥師寺
藥師寺
近鐵橿原線
關西本線
大安寺
JR櫻井線
郡山
法隆寺
斑鳩
往大阪
長谷寺
近鐵大阪線
飛鳥寺
飛鳥・藤原
岡寺
石舞台古墳
往櫻井
往吉野
金峰山寺

目錄

奈良公園近區

西京近區

興福寺

大安寺

元興寺

新薬師寺

奈良

奈良公園近區

東大寺

興福寺

藤原寺氏濃蔭中

二〇一〇年是日本平城京，即今日的奈良建城滿一千三百年，
與平城京同時創建的興福寺，是南都七大寺之一，也是法相宗大本山，
在天平時代可謂名震一方，與比叡山延暦寺有「南都北嶺」之稱。
寺內建築與佛像都是重要文物財，五重塔赫赫有名，
是興福寺的象徵性建築，也是奈良的代表地標之一；
阿修羅雕像，顛覆傳統凶惡形象的造像，
有著少男、少女般純真、纖細的臉龐，
眉宇之間微露的苦思與憂鬱的眼神，被視為世界宗教藝術上的瑰寶。

址 奈良市登大路町48
電 0742-22-7755
網 http://www.kohfuku.ji.com/

興福寺的五重塔和東金堂，是興福寺重要的建物。（秦就攝）

興福寺是世界文化遺產、南都七大寺之一，也是法相宗大本山，它的南圓堂是西國三十三所的第九札所。這麼重要的寺院，在當地如果問計程車司機怎麼走，對方可能會很疑惑。為什麼呢？

南都北嶺震一方

藤原氏祖藤原鎌足（六一四～六六九年）曾創建藤原的氏寺，七一〇年遷都平城京（今奈良）時，鎌足之子藤原不比等（六五九～七二〇年）將氏寺也遷到現今的所在地，並取名「興福寺」，所以興福寺的創建是與平城京同時誕生。

七二〇年，當時政府設立了「造興福寺佛殿司」的官衙，原本只是藤原氏私寺的興福寺，一躍成為由國家投入建設的寺院。

此後，興福寺成為奈良時代的四大寺，平安時代的七大寺之一，且因為和攝關家（註❶）藤原間的關係特深，而一直獲得高度的保護。在平安時代，還握有春日社（註❷）的實權，幾乎領有大和國（註❸）一國的莊園，勢力之強大和比叡山延曆寺並稱「南都北嶺」。鎌倉、室町時代幕府甚至不在大和國設置守護，而由興福寺擔當這一任務。

興福寺的周邊還有許多稱為「子院」的附屬寺院，最盛時期總數達百個以上，其中以九七〇年藤原師尹之子定昭（九〇六～九八三年）所創立的一乘院，以及一〇八七年藤原雅兼之子隆禪（一〇三八～一一〇〇年）所創立的大乘院，因是皇族、攝關家子弟出家的門跡寺院而特別出名。

隱身公園綠蔭之中的興福寺，為法相宗的大本山。（秦就攝）

只緣身在此山中

興福寺創建歷史雖長，但多次遭祝融之災。其中，一一八〇年的源平之戰（註❹）因平重衡的兵火破壞，和東大寺一樣，大半伽藍都消失在火焰之中。

此時，奔走於興福寺再興事業的是解脫上人貞慶（一一五五～一二一三年），現存興福寺的建築幾乎全是這次大火之後重建。佛像等寺寶類也多數焚毀，現存者多為鎌倉復興期所製作。以興福寺為據點的運慶和其門人的「慶派佛師」（註❺），製作的佛像，即屬於這個時期。

一八六八年（明治元年）發出的神佛分離令，使全日本掀起廢佛毀寺的狂瀾。自古就和春日社結為一體的興福寺，自然也受到無情的打擊，子院全數廢止，寺領遭沒收，僧侶被迫成為春日社的神職人員。境內的圍牆全拆除，種上大量的樹木，而成為奈良公園的一部分，甚至曾有要賤價賣出五重塔、三重塔的意見，一時之間猶如廢寺。

自此，天平時代（七一〇～七九四年）有著整齊伽藍配置的興福寺不復存在，全寺藏身在公園之中，像是散落在公園中的點綴品。

但廢佛政策畢竟是個過當的措施，一八八一年，興福寺的復興終於獲得許可。一八九七年，興福寺諸堂塔經整修而慢慢恢復舊觀，只是這時的興福寺已隱身公園綠蔭之中，讓人們區別寺域範圍的圍牆及南大門都已消失，不像其他寺院可以指出一個明確的入口。所以，當觀光客或信眾只告訴計程車司機：「要到興福寺！」司機可能會躊躇著要把乘客載到哪個定點才好？

興福寺原本有安置眾多佛像的中金堂、東金堂、西金堂等三座金堂。從寺中心由南而北分別有南大門、中門、中金堂、講堂等列於一直線。東側南起又有五重塔、東金堂、食堂；西側南起則有南圓堂、西金堂、北圓堂等。此外，境內西南角有三重塔。

中心堂宇中金堂

中金堂是全寺的中心堂宇，一般推定是七一〇年遷都平城京後開始營造，因為後來又建造了東金堂、西金堂而被稱為中金堂。但創建以來一再燒毀，在一七一七年的大火燒毀後，曾有一個世紀以上未重建，一八一九年後重建，惜規模比從前小。又經過

興福寺的五重塔是日本第二高的五重塔，亦是興福寺重要的象徵性建築。（秦就攝）

上 / 興福寺東金堂，是興福寺重要的建物，堂內珍藏許多歷史悠久的國寶及佛像。（林美君攝）

下 / 興福寺東金堂的文殊菩薩坐像是鎌倉初期所造（國寶），是每年四月二十五日所舉行的「文殊會」的主角。文殊會活動由參加的小朋友們步行通過三條通開始，並拜文殊菩薩祈求授予智慧。（陳志榮攝）

近三百年的風吹雨打而老朽不堪，一九九八年乃聽從學者之議重建，二〇〇〇年將中金堂解體，預備花二十六年，在二〇二三年完成第一期工程，屆時將復原成創建時的原貌，這種慢工出細活的精神與毅力很值得臺灣借鏡。

假金堂內有木造藥王菩薩、藥上菩

薩立像（重文〔註⑥〕），鎌倉時代，一二〇二年），均是高達三點六公尺以上的巨像，原本是西金堂本尊釋迦如來像的脅侍。木造四天王立像（重文，鎌倉時代），原安置於南圓堂，是運慶之父康慶與門人的作品。

維摩與文殊坐像

位於東側的五重塔（國寶）是七三〇年時，光明皇后所發願創建的，現存的塔則重建於一四二六年，高五十點八公尺，在全日本僅次於東寺的五重塔，遊人最愛在塔前留影，是興福寺的象徵性建築。另建於五重塔東方的大湯屋（重文），曾多次遭毀，目前的建物和五重塔重建年代一樣。

東金堂（國寶）是七二六年時，聖武天皇為祈求伯母元正太上天皇病癒而創建，故安置的是藥師三尊像。一一八〇年東金堂因兵火而毀，重建後，在一四一一年又燒毀，現在的建築物在一四一五年重建，雖是室町時代的建築，但保有天平時代東金堂的規模、形式。堂內有諸像：銅造藥師三尊像（重文），即中尊藥師如來（室町時代）及脅侍日光、月光菩薩像（奈良時代）。

面對本尊藥師如來的左邊所安置的是木造維摩居士坐像（國寶，一一九六年），是著名佛師定慶的作品；右邊的則是木造文殊菩薩坐像（國寶），和維摩居士像成對，作者不明，推斷應該也是出於定慶之手。維摩居士像和文殊菩薩像同時出現，不由得讓人聯想到《維摩經》那段戲劇般的精彩內容。

佛陀聽說維摩居士得病，便叫弟

上／興福寺的鬼瓦。和式建築在屋頂四角所安裝的板狀瓦的總稱，也略稱為「鬼」。具除厄和裝飾作用。中國在唐以前常用，宋以後漸減少。（林美君攝）

下／興福寺的鰐口。日本寺院的鰐口是結合鐘鼓的形狀，在向佛菩薩祈求時，敲擊鼓面，期待誓願圓滿達成。（林美君攝）

子代為前往探視。沒想到十大弟子推三阻四說自己不夠資格去面對維摩，連「智慧第一」的大弟子舍利弗都自承不敢前往。因為每個人都曾被維摩教訓過，坦承智慧層次和維摩相距太遠，在他面前無以酬對。佛陀只好改請菩薩代為出面問疾，可是連彌勒菩薩等也都以相同理由一再推辭，佛陀只好請文殊菩薩出馬。兩位智者交談，一定會激盪出許多火花，大家都不想錯過機會，於是八千菩薩、五百聲聞、百千天人，一起跟隨文殊菩薩，浩浩蕩蕩地前往探病。

文殊菩薩一進門就問維摩居士：「怎麼生病了？好點沒？佛陀很關心你生什麼病？多久了？何時才會

好？」

這些話其實話中有話，維摩居士如何不知？於是回答：「從癡有愛，則我病生；以一切眾生病，是故我病；若一切眾生病滅，則我病滅。」意思是說，菩薩之所以得病，乃因眾生有病，菩薩不捨，起大悲心，所以得病。

文殊又問房間怎麼空盪盪的？維摩居士回說：「諸佛國土亦復皆空。」兩人一問一答，竟是闡明空境。

就這樣，文殊菩薩和維摩居士以種種問答，敷演大乘佛理，使在座聽法者無不目眩神馳。最後的問題是：菩薩如何觀視眾生，如何通達佛道到「不二法門」？

在座三十二位菩薩各自說出自己體悟的不二法門，各人均以二而解說不二。壓軸的文殊菩薩回答：「如我意者，於一切法，無言無說，無示無識，離諸問答，是為不二法門。」

文殊菩薩接著問維摩居士的見解，居士卻默然無言。

菩薩不由讚歎：「善哉！善哉！乃至無有文字語言，是真入不二法門。」

雄辯滔滔之才談論不二法門的結論卻是：「默然」最真。

東金堂的維摩居士雕像，以老人的寫實造型呈現，像在強調他是活生生存在過的真實人物。

東金堂內四個角落安置的是木造四天王立像（國寶，平安時代），建造時期比堂內的諸像都早，有著前期的重厚風格。

木造十二神將立像（國寶）則是守護東金堂藥師如來的十二眷屬，是鎌倉時代的作品，各神像都擺出極具力

興福寺南圓堂是重要文物財，創建於九世紀，重建於十八世紀，現今只在十月十七日舉行「大般若經轉讀會」才開啟。（張錦德攝）

道的姿勢，是各有個性的群像雕刻。

南北圓堂歷史建築

北圓堂（國寶）是七二一年時，藤原不比等一週年忌時，元明上皇、元正天皇兩位女帝下令長屋王創建的，現存建物則重建於一二〇八年，是興福寺現存建物之中最古老的建物，和法隆寺的夢殿同屬八角形的「八角圓堂」。

北圓堂內的本尊木造彌勒佛坐像（國寶），及木造無著、世親立像（國寶），都是運慶晚年率門下佛師一起完成的，被認為是鎌倉時代寫實主義風格雕刻的頂點之作、日本肖像雕刻的最高傑作群。無著、世親兄弟是印度在五世紀時的唯識教學之祖，因為興福寺屬法相宗，故特別尊崇。

南圓堂（重文）創建於八一三年，重建於一七八九年，是西國三十三所的第九札所，是以參訪的信徒絡繹不絕。但此堂之門多數時候關閉，只有在每年十月十七日舉行「大般若經轉讀會」那天才會打開。本尊木造不空羂索觀音坐像（國寶），完成於一一八九年，高達三點三六公尺，是運慶之父康慶和門人的作品。

三重塔（國寶）在一一四三年創建，現存三重塔則是在一一八〇年重建。

西金堂原是七三四年時，光明皇后在她母親橘三千代的一週年忌，為安置釋迦三尊而創建，在一七一七年火災後便未再重建，徒留「西金堂跡」。

顛覆形象的阿修羅

興福寺的國寶館是在舊食堂原址上建立的，是個非常具有可看性的展示場所，一九五九年完成。雖是鋼筋水泥建築，外觀則仿舊食堂風格。內部安置原食堂本尊千手觀音（高五點二公尺）等許多寺寶。

乾漆八部眾立像（國寶，奈良時代）原是安置在西金堂本尊釋迦如來像周圍群像之一。現存五部淨、沙羯羅、鳩槃荼、乾闥婆、阿修羅、迦樓羅、緊那羅、畢婆迦羅等共八尊，但五部淨胸部以下破損嚴重，而緊那羅寄放於奈良國立博物館。

這八部眾立像中以阿修羅立像名氣最大，像高一五三點四公分，外觀具「三面六臂」。我們平常稱許人能力超強，會說他有「三頭六臂」，典故就是出於阿修羅。日語中有關阿修羅的單字更有一大串，多數卻為負面意義，像競爭激烈的地方（例如考場）會被說成是「修羅場」。

為什麼是負面意義呢？原來阿修羅不只在佛教之中，其他像印度教、祆教也有他的蹤跡。漢譯佛典中譯為非天、非類，是六道之一的阿修羅道。性格好鬥，常和帝釋天戰鬥，原是印度教的太陽神、火神，後來佛教將之吸收成為護法。

日本的阿修羅像即以興福寺及京都三十三間堂阿修羅像（國寶）最為著名。興福寺的阿修羅像是上半身僅披著猶如透明的上帛、天衣（諸天菩薩所穿的細長薄衣），呈現半裸狀態的造型，還配戴了胸飾和臂釧、腕釧，著裳、穿草履，細長柔和的手臂擺姿，全然顛覆好戰者形象，不但如此，這雕像最為人稱道的是表情，想像中阿修羅該是一副凶惡的臉孔，而這尊雕刻完全顛覆了這一想像，不但有著少男、少女般純真、纖細的臉龐，眉宇之間所微露的苦思及憂鬱的眼神，還真讓人聯想起李白那首名詩：「美人捲珠簾，深坐蹙蛾眉。但見淚痕濕，不知心恨誰？」

所以這尊阿修羅像自然吸引眾多遊客的目光，也使這尊雕像成為日本人最喜愛的雕像之一，說該像是世界宗教藝術上的瑰寶，也當之無愧。

乾漆十大弟子立像（國寶，奈良時代）和八部眾像一樣，原是安置於西金堂本尊釋迦如來像周圍。製作之初是十尊，後來遺失四尊，現存舍利弗、目犍連、須菩提、富樓那、迦旃延、羅睺羅等六尊，其中舍利弗、目犍連現寄放於奈良國立博物館。

銅造佛頭（國寶，奈良時代），雖只剩下頭部，卻是白鳳文化（註7）的代表性作品。它原是飛鳥山田寺（奈良縣櫻井市）講堂本尊藥師三尊像的中尊，後來安置在興福寺東金堂中。室町時代遇火，僅殘存頭部，乃將之收納於新完成本尊像的台座內，因年代久遠被人遺忘，直到一九三七年才又重被發現。

阿修羅立像局部。（秦就翻攝）

興福寺國寶館所藏天燈鬼（左）和龍燈鬼（右）立像。（秦就翻攝）

高知名度的龍燈鬼

木造天燈鬼、龍燈鬼立像（國寶）原置西金堂，知名度很高，和興福寺的五重塔、阿修羅立像一樣，常印刷在興福寺的文宣、看板上。天燈鬼大燈籠置在肩上，而龍燈鬼的燈籠則置於頭上，邪鬼較常見的表現方式是被四天王踏在腳下，這組佛供燈的發想新奇，加上令人發笑的姿勢，是用幽默方式表現的雕刻傑作。其中龍燈鬼像是運慶之子康辨的作品，而天燈鬼則推斷是同一人所作或和他們有關係的佛師的作品。

置於國寶館中央的是木造千手觀音立像（國寶），作於一二二九年，是原食堂的本尊，雕像甚大，高達五點二公尺。

木造法相六祖坐像（國寶）是運慶

之父康慶一門的作品。六祖是玄賓、行賀、玄昉、神叡、常騰、善珠等六名法相宗高僧的肖像。原安置在南圓堂本尊周圍，行賀像則寄放奈良國立博物館。

十二面完全保存的板雕十二神將像（國寶）是刻在木板的平安時代浮雕佛像，在日本少見而更顯珍貴。原有上彩，今已剝落。

金銅燈籠（國寶）原是南圓堂前的銅製燈籠，因有銘文，可知是八一六年所鑄，是日本最早有紀年的銘文燈籠。

梵鐘（國寶）因有銘文，知是七二七年的作品，是製作年代僅次於京都妙心寺鐘（六九八年）的日本第二古老梵鐘。

華原磬（國寶）是中國唐代作品，磬是法會中會出現的打擊樂器，華原是陝西磬石的著名產地。日本能劇謠曲《海人》中曾提到興福寺華原磬、泗濱浮磬、面向不背珠是唐高宗所贈，自古即為興福寺的寺寶，唯華原磬金鼓部分約是鎌倉時代補作。整體造型是在塗漆台座上置一注視著前方的臥獅，獅背上立六角柱，柱上左右有雌雄蟠龍各二，龍身彎曲出一中空圓洞，此空間即掛金鼓處，優美的外形表現了大唐帝國高超的工藝技術水準。

深具歷史重量的例行活動

興福寺的例行活動，以東金堂主辦的追儺會、舞於南大門跡的薪御能、開祖的御忌法要慈恩會等，最能讓人感受到興福寺從創建以來所累積的歷史重量。

追儺會在二月的節分（立春的前一

興福寺追儺會中會出現黑鬼、赤鬼、青鬼等在舞台上飲酒施暴，於是出現毘沙門天將鬼打敗，最後由大黑天給朝拜者授福。（達志影像提供）

天）夜舉行，先在東金堂舉行法會，接著在基壇舉行「鬼追式」和撒豆，六個手持火把的鬼，會先被毘沙門天所壓制，最後被撒豆的男子成功擊退。

薪御能是固定在南大門下的草皮——「般若之芝」舉行的一種野外能劇。從室町時代以來就很興盛，現在則由薪御能保存會主辦，演出時由閃動的篝火映照現場，變現出一個幽幻迷離的世界。

慈恩會對於法相宗的學僧而言是最重要的法會，在每年十一月十三日法相宗的開祖慈恩大師忌日那天舉行，由興福寺和藥師寺交替舉辦。當天興福寺會掛出慈恩大師畫像掛軸，興福寺所藏的兩幅掛軸為立像，而藥師寺所藏則是坐像。一九二一年日本大文豪森鷗外參加慈恩會，見到畫像，不禁歌詠：「本尊畫像所畫的尉遲基，是比我年輕就死去的男子。」窺基圓寂時五十歲，而當時森鷗外已五十八歲。

總之，擁有眾多佛教雕像、古老建築群、保存深具歷史傳承意義法會的興福寺，雖然隱身在奈良公園裡，卻是座極具參訪價值的世界文化遺產。

奈良公園中的鹿群。（林美君攝）

古都奈良平城京

日本從古墳變成以法律為治國之本的律令制國家是從飛鳥地方開始的，先是將宮室設置於飛鳥一帶，日本最古老的寺院飛鳥寺，即是在這裡設立，並以宮殿、寺院為中心，發展出飛鳥、白鳳文化。

飛鳥不敷使用後，便仿中國的條坊制，建立日本最早的都城——藤原京。藤原京為大和三山所環繞，不久便又不敷使用，乃遷都平城京，原本在藤原京的寺院多數也都一起遷至平城京。

平城京的南北正中央為朱雀大路，朱雀大路北方為平城宮，南方為羅城門，進羅城門即進入京城，但日本的京城是沒有城牆的。東西向道路稱條，自北而南有一到九條大路；南北向道路稱坊，朱雀大路以西有西一坊到西四坊大路，以東有東一坊到東四坊大路。東側為左京（王城面南，東位於其左，故稱左京），東北方有東大寺、興福寺、元興寺、新藥師寺等，所在位置相當集中，均在今天的奈良公園附近，較南處東三坊大路以東，跨六條大路南北則有大安寺。法華寺、海龍王寺（角寺）則緊臨王城東側。右京的寺院較少，自北而南有西大寺、唐招提寺、藥師寺等。除了這些寺院以外，本書其他寺院則都不在平城京內。

註❶ 八五六年，藤原良房創下非皇族任「攝政」先例，其子基經於八八四年光孝天皇即位時擔任首任「關白」。十世紀後半至十一世紀，除了醍醐、村上兩天皇時代由天皇親政外（延喜、天曆之治），朝政都把持在擁有攝政或關白的藤原氏手中，稱攝關政治，藤原氏亦稱攝關家。

註❷ 春日社原供奉土地神，後因藤原氏從鹿島、香取迎請武甕槌命、經津主命供奉，之後又迎入枚岡的祖神天兒屋根命與比賣神，此四神為藤原氏氏神，總稱春日神。七一〇年遷都平城京，藤原不比等將藤原氏神鹿島神武甕槌命遷到春日的三笠山（又稱若草山）祭祀，從此武甕槌命開始被稱為春日神。七六八年，藤原氏家族在若草山麓建造春日神社四殿，將二位守護神和二位祖神合併祭祀。由於藤原氏在奈良、平安時代的權勢如日中天，在平安時代初期，春日社的祭典為官祭等級。

註❸ 日本古代的令制國之一，屬京畿區域，為五畿之一，又稱和州，其領域相當今日的奈良縣。

註❹ 史稱「治承・壽永之亂」，指日本平安時代末期，一一八〇至一一八五年間，源氏和平家兩大武士家族為了爭奪權力而展開的一系列戰爭的總稱。

註❺ 運慶（一一四八～一二二四年）為鎌倉時代著名的僧人，運慶所屬的僧團多在名字之前用一個「慶」字，故被稱為「慶派」。慶派的佛像雕刻師以興福寺為活動據點。運慶的父親、同時也是老師的康慶，就是以製作興福寺南圓堂本尊的不空羂索觀音像而知名的高僧。

註❻ 日本政府於一九五〇年制定的《文化財保護法》中，國家重要文化財（簡稱重文），共分為：「有形文化財」、「無形文化財」、「民俗文化財」、「紀念物」與「傳統的建造物群」五類；從「重文」中篩選出來具高度價值的物件，即為「國寶」。

註❼ 白雉元年（六五〇年）至遷都平城京（七一〇年）這段時期，相當於天武、持統兩位天皇在位，當時初唐文化大量傳入，深刻影響文藝，表現出初唐文化的清新與朝氣，由於白雉不若白鳳吉祥，因此故名「白鳳文化」，也是七世紀後期非常重要的文化。

東大寺

奈良大佛華嚴寺

大唐帝國歷經貞觀、開元之治，國力達到高峰。
它充滿國際色彩的文化光芒，照射了周遭的所有國家。
天平時代則是日本史上充滿國際色彩的時代，
它不但接受大唐帝國的文化，也接受渤海、高麗、林邑、天竺的文化。
此時期最宏偉的佛寺建築首推東大寺，
此寺是全日本的總國分寺，自古至今給予日本莫大影響，
故能成為聯合國教科文組織認可的世界遺產。

址 奈良市雜司町406-1
電 0742-22-5511
網 http://www.todaiji.or.jp/

世界最大木造建築——東大寺大佛殿。屋脊兩端的金色裝飾鴟尾，飛鳥時代傳入日本，此裝飾具降雨壓火神作用。（林美君攝）

大唐帝國歷經貞觀、開元之治，國力達到高峰，也使整個東亞世界的交通網，可以說第一次連成一氣。大唐氣象萬千、充滿國際色彩的文化光芒，也照射了周遭的所有國家。包括文明初開的日本，也開始接受各國文化，如唐、印度、朝鮮半島、渤海國，甚至南洋諸國等各國人士，都相繼踏上日本這傳說中的仙島扶桑。

當時日本的首都是平城京，也就是奈良；而奈良時代最為壯觀的遺產，應該可以說是東大寺。它留下的建築、佛像、佛畫，多是世界建築史或美術史上的珍品；而建寺及寺宇復興的過程本身，又是一頁頁動人的史詩。

翠屏中的古寺

走在古都奈良，彷彿走入日本鄉間。奈良公園中的小鹿親人，常繞遊客而行，放眼所見，被登錄為世界遺產的春日山原始林樹木茂密，綠意盎然，總給初訪者留下深刻印象。一般認為蓊鬱的森林和這裡屬於神道教春日社的「神域」有關，卻少有人知道它和佛教及中土的關係。

原來春日山在奈良時代是東大寺的領地，七五九年東大寺入唐僧普照法師，奏請畿內七道諸國，仿唐在驛路兩旁普植樹木，不但可供旅客在蔭下納涼，還可摘食果實充飢。原來普照歸日在開元二十八年（七四〇年），這年大唐朝廷在「兩京路及城中苑內植種果樹……」（《舊唐書．玄宗本紀》），普照將他在唐朝所見，也奏於日本朝廷。一般認為這附近綠蔭處處，是因春日山被定為「神域」而禁止在山中狩獵和採伐，但其實這是平安時代以後的事了，最初和唐及佛教關係較密切。

春日山的最高峰花山和其西峰形如斗笠者為三笠山（即御蓋山），是「春日山原始林」的所在。三笠山在中土小有名氣，當年到唐留學的阿倍仲麻呂（漢名晁衡或朝衡）受到唐朝重用，官至從三品祕書監兼衛尉卿。七五三年，因思鄉而隨遣唐大使藤原清河、鑑真和尚等搭同批船回國，行至長江口，他仰望明月，寫了一首〈望鄉詩〉：「翹首望長天，神馳奈良邊。三笠山頂上，想又皎月圓。」（註1）用三笠山來抒發他對故鄉的想念。無奈船在海上遇風，幾經波折又回唐朝任官，雖在官場得意，官愈做愈高，但終其一生都無緣回鄉，直至病逝長安，至今西安還立有他的〈望鄉詩〉詩碑。

和三笠山相隔不遠的若草山，每年一月十五日的燒山活動，則讓人想起白居易的詩句：「離離原上草，一歲一枯榮。野火燒不盡，春風吹又生。」而這座若草山就像奈良最著名的佛寺——東大寺的綠色屏風。

七四〇年，日本發生亂事後，社會陷入極端混亂不安，為求國泰民安，篤信佛教的聖武天皇乃下詔各國興建國分寺、國分尼寺。奈良的國分寺即是東大寺，因位在中央政府所在，又由天皇親自修建，異於各地國分寺由地方官府的國司監造、監管，因此東大寺與各國分寺在組織上雖然沒有從屬關係，但到了鎌倉時代的文獻中也稱它為總國分寺。

八宗兼學，特重華嚴

國分寺、國分尼寺制度，其實是仿

隋唐時代在各地興建的大雲寺、龍興寺、開元寺等國立寺院的作法。當年武則天在各地建大雲寺，又在洛陽造大佛銅像及在龍門奉先寺雕刻大佛石像，這些消息都由入唐求法僧傳到日本。於是唐的國家寺院制度和洛陽大佛的建造，成了包括東大寺在內的各地國分寺及東大寺中大佛建立時的仿效對象。

即使今天到東大寺參訪，都不得不讚歎其規模宏大；而一千二百多年前天平時代的人們看到東大寺當然更瞠目結舌，所以乾脆稱之為「大寺」！

懷想東大寺落成開光那天，是天平勝寶四年（七五二年）四月九日，當天陽光普照，迴廊前的幡旗翻舞，佛前表演了久米舞、唐古樂、高麗樂、林邑樂等各國舞樂，為大佛開眼供養法會增添莊嚴熱鬧的氣氛。聖武太上皇、光明皇太后、孝謙天皇及文武百官都參與此一盛事，在場僧眾更達萬餘名，其中不乏外國僧侶，如開眼供養導師天竺僧菩提僊那、大佛開眼咒願師唐僧道璿、傳林邑樂入日本的林邑國（今越南南部）僧佛哲等都在列中。

菩提僊那本是南天竺的婆羅門種，因慕中土五台山文殊菩薩靈應而到唐土，後來更和道璿及佛哲一起東渡來到日本。這天聖武太上皇正在病中，於是由菩提僊那代執開眼筆（現藏於正倉院），開眼筆所繫的五色縷，綿延到大佛殿外頭，無數蒞臨者歡喜扶縷以結法緣。想像菩提僊那為大佛的眼睛點上黑眼的瞬間，縈繞周遭的誦經之聲，或許身歷其中者無不動容而百感交集吧？畢竟大佛建造時，曾歷經多少困難與風雨……。

東大寺的奈良大佛盧舍那佛像。（釋果品攝）

當年聖武天皇下詔造此盧舍那佛時，反對之聲四起，還好他秉持「事易成，心難至」的理念，說服反對者只要有心，事終必成；而且為達成此目的，他更廣宣「持一枝草、一把土助造佛像」，令所有人同起信心、同預其事，希望使所有人「同蒙利益，共致菩提」，大佛終於得以鑄成。這時離七四〇年聖武天皇參知識寺大佛（在今大阪府柏原市）發願「朕亦奉造」，已歷十二年。

彼時，這尊氣勢磅礴雄渾，深受唐朝風格影響、高達十六公尺的大佛，首次使用產於陸奧國（今青森縣）的黃金大佛，發出閃閃光芒。那仰之彌高的大佛有多壯觀，十六公尺這個數字，可能無法體會。剛好大佛殿裡有一根柱子，底部有一個小洞，相傳此洞相當於大佛鼻孔的大小；傳說鑽過

上 / 大佛旁的如意輪觀音像，屬江戶時期木造像。（林美君攝）

下 / 大佛殿裡有一根柱子，底部有一個小洞，傳說鑽過去的人會有好運，相傳此洞相當於大佛鼻孔的大小。（薛惠芳攝）

去的人會有好運，於是許多人到東大寺都會鑽此洞。

可惜今天所見的大佛，只有腹部及蓮花座的一小部分是屬天平時期原物，其他則是後來重鑄的。那僅剩的蓮花座上的蓮瓣並不光滑，上面有用線條雕畫的盧舍那佛的淨土——蓮華藏世界，最下是風輪，風輪之上有香水海，香水海中生大蓮華，蓮華中包藏微塵數的世界，盧舍那佛就在這世界裡放大光明遍照世界，為一切眾生說法。

南大門的仁王

東大寺建成後歷經多次的兵災戰亂，今日所存的建物多是江戶時代重建，唯有位在西北角的八腳門「轉害門」，是東大寺唯一的天平時期（七二九～七六五年）建築，而成為日本國寶。又大佛殿有迴廊圍繞，欲

東大寺南大門。（林美君攝）

到迴廊須先經南大門，這座門也是早期建築，屬宋代輸入日本兩種新建築樣式「天竺樣」（註❷）、「唐樣」的天竺樣。

在這裡，不能不提到重源上人。重源（俊乘房）乃入宋三次的高僧（註❸），他本想參訪五台山佛跡，但此時五台山已屬金國領土，於是改詣天台山、育王山。第二次入宋後，則為準備再建東大寺佛殿而全力研究宋地建築，為獲得建設大建築物的實際經驗，還曾幫南宋明州育王山運送建材建舍利殿，這個經驗對他後來重建東大寺頗有幫助。

重源上人在六十一歲就任東大寺大勸進一職，這時日本正處在著名的源平大戰最激烈的時刻，而他卻能克服資金和技術的重重阻力，到一二〇六年往生的二十五年間，重建了大半伽日本的仁王多數呈半身赤裸、孔武有力的力士模樣，東大寺的仁王是日本現存仁王像中最高大的，此尊為阿形，高八六三公分。（張錦德攝）

藍。所以，從鎌倉時代以來人們就稱讚他「支度第一俊乘房」（支度在日文中有計算、準備的意思）。

不過他雖曾傳授宋代建築技術，但這種新式建築似乎不投日人所好，所以現在遺存宋式遺構中，僅東大寺南大門、兵庫淨土寺淨土堂（也是重源創建）、京都醍醐寺經藏等少數顯著例子。即使例子不多，東大寺高大的南大門也足以令人對宋代建築技術發出讚歎！這座門的兩旁供奉了兩尊仁王（二王、二天）像，仁王像在臺灣雖然少見，但從前在中土卻很興盛，不過中土多作成身穿鎧甲的武將模樣，如龍門、雲岡的雕像，東大寺三月堂須彌壇上的仁王像（奈良時代）也是這種造型。

但日本多數的仁王卻是上半身打赤膊，一付肌肉發達、孔勇有力、臉現凶惡的力士模樣，而且兩像的一尊必然張嘴作吆喝狀口稱阿形、另一尊則是帶怒氣閉嘴口現吽形；這種力士型仁王，又以奈良法隆寺中門像、興福寺及東大寺的最著。尤其這兩尊仁王像，左邊阿形高八六三公分、右邊吽形高八四二公分，是日本現存仁王像中最高大魁梧者。另外，一般兩尊仁王皆南面而立，但這兩尊卻東西相對而立；而且一般阿形像是左手持金剛杵，但這尊卻用右手持，都是例外。可見這兩尊仁王實在特殊，值得旅人駐足仔細鑑賞。

日本華嚴宗總本山

大佛本身除了顯現日本古代的精湛工藝水準，其布置也都含有深意，例如佛前有燈，這座燈放置在一對鏡子中間，燈光層層映於兩側的鏡內，以象徵表示法界緣起重重無盡；而盧舍那佛及法界緣起觀，都和華嚴宗有關。

中土華嚴宗初祖是唐朝杜順和尚，當年道璿赴日的行李中包括《華嚴宗章疏》，被認為是初傳華嚴宗至日者。但他未使華嚴宗成為日本宗派，後來先後經新羅僧審祥（？～七四二年）講《華嚴經》於金鐘寺（即三月堂，因舊曆三月在此舉行法華會，也稱法華堂），東大寺開山良辨（六八九～七七三年）繼續傳法，才確立東大寺華嚴宗總本山的地位。南大門上高懸的「恆說華嚴院」匾額，也標明了東大寺的此一色彩，所以東大寺又稱大華嚴寺。

但這並不意味東大寺不學他宗，大佛殿內名為「六宗櫥子」的六座佛龕裡面安放了各宗的根本經典，並在門上畫有各宗祖師及護法神，正說明東大寺不只是華嚴宗道場，對於已傳入日本的俱舍、成實、法相、三論、華嚴、律等六宗，東大寺都不排斥，只是特別重華嚴而已。奈良時代後的平安時期除六宗外，又興起天台、真言兩宗，兩者在東大寺的教學研究上也漸占分量，於是東大寺更進而標榜「八宗兼學」。

重源再建東大寺後，到了一五六七年又有亂事，大佛殿再次被燒；直到江戶時代的一六九二年，大佛才又修復完成。這次的開眼供養法會規模更大，並且和萬僧供養法會同時進行，在長達一個月的法會期間，參加僧侶達二十多萬之多，結緣之人更是不計其數。不過，大佛殿則遲至一七〇九年才重新落成，後來又經明治、昭和時代的大修，規模較天平時期的大佛殿小了很多，但至今仍是世界上最大的木結構建築。所以，東大寺自奈良時代就是和藤原氏的氏寺興福寺並稱的南（奈良）都代表佛寺，更是南都七大寺之一。

散布各處的諸堂

東大寺範圍極廣，諸堂散布各處，包括以被用月分稱呼的二月堂、三月堂、四月堂等。三堂之中的例行法會，以二月堂的修二會最為日人所熟知。其名因每年舊曆二月舉行的修二

法華堂（三月堂），即天平時期的金鐘寺，為傳華嚴思想的重鎮。（秦就攝）

二月堂位於法華堂的北邊最高處，該建築沿著丘陵而建，是個像清水寺懸在山崖邊的舞台造建築，視野極佳，途中階梯兩旁盡是信眾捐獻的石柱，別具特色。（林美君攝）

會而來。這是懺悔業障、祈求天下太平、五穀豐收的法會，正式名稱是十一面悔過法，與會的僧侶被稱為「練行眾」，代人向觀音菩薩懺悔罪障並祈福，成為觀音菩薩和人之間的媒介。

整個法會分前行和本行兩階段，前行期在戒壇院舉行，練行眾在此期間清淨身心，為本行做準備。前行結束後，練行眾轉到二月堂內住宿，當日深夜開始舉行本行法會，持續達兩周。六時所唱誦的聲明，因時段不同而有長短、緩急，主要內容是玄奘大師所譯《十一面神咒心經》精華，祈願菩薩慈悲濟世。

本行法會的初夜會會奉讀《神名帳》，相傳實忠開始六時行法時，因奉讀《神名帳》，諸國神明競相到達二月堂，唯獨若狹遠敷明神因喜歡釣魚而遲到，直到行法即將結束時才趕到。若狹遠敷明神為了表示歉意，便說要敬獻閼伽水，話音甫落，兩隻黑白鸕鶿從地上破石飛出，隨即甘泉噴湧，香水四溢，於是人們用石塊圍住地上甘泉，取名閼伽井屋。後來每年的舊曆二月十二日後半夜，在此取水供養觀音菩薩成為慣例，也使「取水」成為法會的代稱。

大佛殿西側的戒壇院是日本三戒壇之一，當年道璿除初傳華嚴至日，他還是傳禪宗到日本的第二人（但為北宗，南宗建立有待四百多年後由榮西立臨濟宗），且後來又受敕為律師，對日本佛教頗有影響。不過，據日僧凝然所著《三國佛法傳通緣起》說：「道璿律英雖先來朝，僧眾不足，不能秉行結界登壇受具戒法，啻恆講敷律藏而已。」所以道璿雖精律，卻只能說是鑑真和尚的先驅。

七五三年，鑑真和尚在大佛殿前臨時建造的戒壇為聖武太上皇等僧俗授戒，是日本天皇登壇受戒之始。今天的戒壇院是鑑真和尚平日傳授戒律的場所，戒壇院多寶塔中間所供養的釋迦、多寶二佛是鑑真從唐請來。

鑑真和尚不撓的事蹟曾感動無數日本人的心靈，奈良朝著名的文學家淡海三船，研究鑑真和尚一生事蹟，在唐大曆十四年（七七九年），寫成《唐大和上東征傳》，後來由戒壇院刻的版木，流傳於世。雖在江戶幕府期間，因「東征」二字犯忌而遭禁止流通的命運，但到大正年間終於收入《大正藏》史傳部。

東大寺北側的正倉院也屬東大寺所轄，收藏聖武天皇過世後，光明皇后供養盧舍那大佛的天皇遺物。這些遺品後來分藏於正倉院的北、中、南三倉，許多物品且是經由陸上、海上絲路，由西域及南洋等地傳入，像現藏的螺鈿紫檀五弦琵琶就是現今世界僅存的五弦琵琶（一般為四弦）。

未到正倉院前，以為條條絲路通長安；來到正倉院，才知道絲路的終點或許也可定在平城京奈良。被派遣到中土的遣唐船中，入唐僧占了很大比例，他們除了將佛法傳到日本，也將中土的各種文物帶回東瀛，使天平時期成為日本既輝煌又充滿國際色彩的年代。

如果從這點來看，佛法也可說是促成天平時期國際化的火車頭，而東大寺實在是天平的榮光。

東大寺鏡池因其中小島形如有柄的鏡子而得名，春、秋會有兩次在鏡池中搭舞台，表演東大寺慶讚能，在雅樂吹奏聲中，祈願國泰民安。平日則倒映著大佛殿這全世界最大木造建築，景致絕美迷人。（張錦德攝）

東大寺盧舍那佛

天平時代要鑄造奈良大佛，光有願望是不足以成事的，還要有奇蹟。而奇蹟發生了，先是發現銅，於是日本年號改為和銅。後來又發現金，佛像因而得以貼金箔。即使奇蹟都發生了，但要建造如此大的銅鑄大佛仍無比艱難。

大佛的製法：

1.先塑內模：先塑一大佛，做為內模。製內模時先架大木圓柱，再在其外的四個角落立四柱，做為大佛的支架，支架外用木條竹條等編成佛像的外形，再於其外塗上厚二、三十公分的泥土、細泥漿。因為佛像太大，總工程師得站在很遠的地方看佛像是否走樣，再傳達指令修飾。

2.次製外模：內模乾硬後，外塗一層泥，於乾後取下，得到外模，因內外模間會先敷一層紙，取下時不會有沾黏的問題，故能順利脫模。又外模取下前需切割、編號。

3.刮內模：將內模刮去一定厚度，再將外模重新拼回，以支釘固定，刮去的厚度使內外模間有了空隙，就成為灌銅的空間厚度。

4.灌注銅液：銅液會產生氣泡，且易冷卻，故很多地方會沒灌到。

5.修補工程：挖開土，打破外模，重灌補入沒澆灌到銅的地方。修補工程比鑄造費時更久——五年。

此外，佛像重達三百八十噸，需要大量熔鍊金屬的炭、建造大佛殿的木材等，而東大寺附近有木津川，正可將這些物資以木筏順流而下送達附近，藉此建成高約四十七公尺的世界最大的木造建築。

推估參與建造大佛和大佛殿的總人數是二六〇萬人。約占當時日本人口的二分之一。

參考資料：香取忠彥《奈良の大仏：世界最大の鋳造仏》，草思社。

註❶ 〈望鄉詩〉譯自《古今和歌集》四〇六。

註❷ 天竺樣是指構造上使用稱為「貫」的水平方向材，直接由柱身出挑，層層疊起的木結構，和柱子構成強固的組合，為南宋的閩、浙一帶傳入。為免誤會，現多稱為「大佛樣」。

註❸ 是否三度入宋有疑義，此根據高野山延壽院的銅鐘鐘銘中有「勸進入唐三度聖人重源」。

元興寺

古色古香極樂坊

南都七大寺之一的元興寺，其前身為法興寺，無論是元興或法興，皆取使佛法在日本興隆之意。元興寺有許多重要文物，其中「板塔婆」在臺灣甚為罕見，日本的塔婆多指追善供養，而寫上文字、立於墓旁的塔形木片，因為是木板所做，特稱為「板塔婆」。

位於奈良市的元興寺，曾是南都七大寺之一。寺運衰頹後，分裂成兩處主要寺院，其中的極樂院在一九五五年改稱「元興寺極樂坊」，更於一九七七年改稱「元興寺」，如今更以「古都奈良文化財」之名，登錄為聯合國教科文組織的世界遺產，寺中有日本最古老的建材及屋瓦。

繁華後分為兩大寺

日本最早的正規佛教寺院為法興寺（又名飛鳥寺），是蘇我馬子（註❶）於五九六年（飛鳥時代）所建。隨著七一〇年遷都平城京，位於

址 奈良市中院町11番地
電 0742-23-1377
網 http://www.gangoji.or.jp/

元興寺本堂。（秦就攝）

飛鳥的藥師寺、厩坂寺（後來的興福寺）、大官大寺（後來的大安寺）等都相繼跟著遷到新都。法興寺於是也在七一八年遷往平城京，並改稱元興寺。不管是「法興」或「元興」，都是取最早使佛法在日本興隆的寺院之意。

如今指定為「史跡元興寺」的地方有三：

一是位於奈良市中院町所在的元興寺，原稱為「元興寺極樂坊」，屬西大寺末寺，宗派為真言律宗，本尊為著色智光曼荼羅，本文所說的元興寺主要指這一寺院。

二是位在同市芝新屋町所在的元興寺，屬東大寺末寺，宗派是華嚴宗。本尊為十一面觀音，僅可見殘留的五重塔跡。該五重塔在未燒毀前寬九點六五公尺，高七二點七公尺，甚至比現在日本最高的東寺五重塔還要高大，可惜在一八五九年和觀音堂等一同燒毀，至今未再重建。

三是位於同市西新屋町的元興寺小塔院跡。

奈良時代的元興寺是一座三論宗和法相宗道場，且寺域廣大，達南北四町、東西二町，足以和東大寺、興福寺媲美。地點位在興福寺南的猿澤池南方，現在通稱「奈良町」地區的大部分，原本都屬於元興寺。當時的元興寺伽藍有南大門、中門、金堂（本尊為彌勒菩薩）、講堂、鐘堂、食堂等，南北並列在一直線上，並從中門左右伸展出迴廊圍住金堂，一直到達講堂左右。迴廊外側，東是以五重塔為中心的東塔院，西邊有小塔院，今日這些建築都已經看不到了。

隨著東大寺、興福寺勢力的增強，

東門是元興寺極樂坊正門，由東大寺西南院四腳門移建至此，具鎌倉時代風格。（秦就攝）

元興寺寺運卻在平安時代後半開始衰退。

一四五一年的農民暴動使元興寺遭祝融，雖然五重塔勉強保存下來，但金堂等主要堂宇和智光曼荼羅原本都在這次火災中燒毀。火災後元興寺漸漸分裂成以供養智光曼荼羅的「極樂院」，以及五重塔為中心的「元興寺觀音堂」。

元興寺觀音堂成為東大寺末寺，擁有元興寺創建之初的遺構五重塔和觀音堂，一八五九年的火災，致兩者全毀，之後雖繼承了「元興寺」的寺號，但寺運從此一蹶不振。

由僧房改建的本堂與禪室

奈良時代的元興寺講堂背後左右各有數棟僧房，其中東側僧房，奈良時代的學僧智光法師曾住過，他在僧房裡，掛上淨土曼荼羅（淨土變相圖），發願往生極樂，因此智光法師被尊為日本淨土六祖的始祖，而該曼荼羅則被稱為智光曼荼羅。

隨著平安後期末法思想的流行及阿彌陀信仰的興盛，信仰智光曼荼羅的人也快速增加，原本做為安置智光曼荼羅道場的僧房，因而被認為是日本淨土發祥地的聖堂，逐漸發展成為個別獨立的寺院，名為極樂堂。一二四四年改建時，乃將原本的僧房一分為二，成為今天的元興寺本堂和禪室。

今日的元興寺本堂（國寶，也稱為曼荼羅堂），仍完整保持了一二四四年改建當時的外貌，是座寄棟造（註❷）、瓦葺建築，正面在東邊側面（註❸），因為以東面為正面是阿彌陀堂建築的特色。正面柱間為偶數六間，使得正面正中央有柱子這一特點是極少見的，因為通常佛教堂塔的正面柱間都是三間、五間等奇數，以避免正面中央有柱子，但此堂卻未能避開。此外，一二四四年改建時，仍繼續使用一些奈良時代的粗角柱和天花板板材，部分屋頂也同樣使用了飛鳥、奈良時代的古瓦，這種古瓦一端寬、另一端窄，形狀像半圓錐形的瓦片，用這種瓦來鋪葺的屋頂稱為「行基葺」。

本堂內部內陣鋪木板而外陣周圍則鋪榻榻米，是為了配合邊念佛邊繞佛而做成的「行道」。

禪室（國寶）為切妻造（註❹）、瓦葺建築，緊接本堂西邊屋檐而建。和本堂一樣，是由原本的僧房改建而來，可以看出分成四個區塊，據說從前每一區塊可住五到八位僧侶。

元興寺境內的浮圖田（安置眾多石塔、石佛有如田地），是每年舉行萬燈供養法會處。後方建築左為禪室，右為極樂堂。（秦就攝）

元興寺古瓦採用行基葺法。（秦就攝）

根據二〇〇〇年元興寺文化財研究所發布的消息，禪室的某些建材經由年輪年代測定法的調查，得知使用的是五八二年伐採的樹木，如果此事屬實，那麼本建築的部分建材，甚至比至今號稱是世界最古老的木造建築群的法隆寺西院伽藍的建材更早。

元興寺東門（重文）原本在東大寺，後來才移建到這裡，屬於室町時代的遺構。

智光曼荼羅是淨土三曼荼羅之一

本尊智光曼荼羅，是智光感應的曼荼羅圖像為基礎所做的淨土曼荼羅的總稱，是日本淨土三曼荼羅之一。

所謂淨土三曼荼羅是傳統淨土曼荼羅（正確說法應稱為淨土變相圖）中，主要的三種構圖，除了原藏本寺的智光曼荼羅（是《阿彌陀經》變相圖），另兩種分別為原藏當麻寺的當麻曼荼羅（是《觀無量壽經》變相圖）、原藏超昇寺的清海曼荼羅（是《觀無量壽經》變相圖）。

當麻曼荼羅，將畫面一分為四，構圖複雜，而智光曼荼羅則相反，構圖簡單且圖的下方繪有智光和賴光二僧是其特徵。

元興寺的寺寶以五重小塔（國寶）最珍貴有趣，安置在收藏庫中的小塔，是奈良時代的作品，雖然高僅五點五公尺，但並非以「工藝品」，而是以「建築物」之名指定為國寶，理由是內部構造和實物一模一樣，絲毫未予省略，而屋內也幾乎沒有損傷，是了解奈良時代建築的貴重資料。

本寺的文化財還有平安前期的木造藥師如來立像（國寶）、木造十一面觀音立像（重文）、著色智光曼荼羅圖（重文）、元興寺塔址土壇出土品——玉類銅錢（重文）等，均寄放於奈良國立博物館中。

臺灣罕見的板塔婆

一九六二年，元興寺住持辻村泰圓發起設立財團法人元興寺佛教民俗資料研究所（一九七八年改稱元興寺文化財研究所），一九六五年完成收藏、展示寺寶的收藏庫後，元興寺慢慢恢復規模。

元興寺佛教民俗資料研究所的成立，原是為了研究在本堂解體修理時，從屋頂內部發現板塔婆等數萬件的平民信仰資料而設立的。其中板塔婆因為在臺灣甚為罕見，所以在此特加以介紹。

所謂塔婆是「卒塔婆」之略，是

梵語stûpa的漢語音譯，卒塔婆的日語發音為：sotoba，原是供養佛舍利的建築物，印度為覆缽式，佛教傳入漢地後，受木構建築技術等等影響，演變成為我們常見的多層樓閣形式佛塔，日本的木造佛塔也和漢地類似，如離元興寺不遠的興福寺的五重塔即是。

但日本現在提到塔婆、卒塔婆則多是指為追善供養（供於亡者）而寫上文字、立於墓旁的塔形木片，又因是木板所做，也特稱為「板塔婆」，是將佛塔簡略化後的五輪塔（五輪卒塔婆、石塔婆）再簡略化後的產物，上部的輪廓是在左右刻入四對凹處，而區分出五個部分，和五輪塔一樣表示五大，雖已大幅變形，但從上起仍代表空（寶珠型）、風（半月形）、火（三角形）、水（圓形），什麼也沒刻的下面長條部分則代表地（方形）。立卒塔婆時稱為卒塔婆供養，納骨時是最初的卒塔婆供養，此後每次忌日法會，都會換上新的卒塔婆，並也都有卒塔婆供養。這種習俗是日

日本的交通號誌和五輪塔的主要構成形狀（三角形、圓形、方形等）相類，故也稱為卒塔婆。本圖攝自擁有眾多野鹿的奈良公園，圖中野鹿躲在卒塔婆後面，形成有趣的畫面。（秦就攝）

本特有的，所以淨土真宗傾向廢除此一舊習，不立卒塔婆。

卒塔婆上書寫的文字，因宗派不同而有些微不同，多數寫上戒名、皈依佛名和種子（即真言、種子真言）、法會的十三佛的種子及五大的梵字等，五大的梵字必須寫在具有該梵字意義的形狀上面，且一般板塔婆的正面面向東方，不論墓碑的方向如何。

比較有趣的是，因為佛教深入日本文化太深，日本人也將道路標誌稱為「卒塔婆」。

註❶ 生卒年約五五一至六二六年，日本飛鳥時代的政治家與權臣，其女為聖德太子之妻，故以外戚身分掌權。蘇我馬子性習武略，且有才辨，深敬佛法，官仕敏達天皇、用明天皇、崇峻天皇與推古天皇四朝共五十年。

註❷ 即廡殿頂，為廡殿式屋頂，宋朝稱「廡殿」或「四阿頂」，清朝稱「廡殿」或「五脊殿」，日語稱寄棟造，是中國、日本、朝鮮古代建築的一種屋頂樣式。

註❸ 建築物主要入口位置分為平入和妻入，入口設在東邊三角形的山牆端者稱為「妻入」，元興寺本堂為妻入。

註❹ 即懸山頂，為懸山式屋頂，宋朝時稱「不廈兩頭造」，清朝稱「懸山」、「挑山」，又名「出山」，是中國古代建築的一種屋頂樣式，也傳到日本、朝鮮和越南。

大安寺

東瀛西明聚高僧

大安寺，人稱「南大寺」，在奈良時代與東大寺、興福寺齊名，而且高僧齊聚，例如道慈律師、空海與最澄等日本僧侶，以及菩提僊那、道璿與審祥等國外僧侶都曾駐足，使得大安寺海內外人才齊聚一堂，堪稱佛教綜合大學。

址 奈良市大安寺 2-18-1
電 0742-61-6312
網 http://www.daianji.or.jp

大安寺本堂。（秦就攝）

大安寺屬高野山真言宗的寺院，原是奈良時代的南都七大寺之一。那時有東、西兩座七重塔，七大寺之中建有七重塔的，只有東大寺和大安寺，可知是當時足與東大寺、興福寺並列的大伽藍，因位置偏平城京南邊，人稱「南大寺」。

大安寺也是天竺、唐帝國等異國僧侶赴日後駐錫，代表擁有佛教先進文化的寺院；並可稱為日本佛教的泉源，因平安時代佛教代表性人物最澄與空海都曾住大安寺……。

多次改名，最後定名大安

有關大安寺的歷史，除了正史《日本書紀》、《續日本紀》有所記述外，七四七年所完成的《大安寺伽藍緣起并流記資材帳》（重文）記載，大安寺源自聖德太子所建的熊凝精舍，曾經遷移，且先後曾改名為百濟大寺、高市大寺、大官大寺（註❶）等名稱。

在飛鳥地方所建立的寺院，如法興寺（後來的元興寺）、藥師寺、厩坂寺（後來的興福寺）等都隨著遷都平城京，也跟著遷入新都，大官大寺於是取「天下太平，萬民安樂」之意，改名大安寺，並遷入平城京。

平城京的街道是一町一町（每町長約一〇九公尺）整齊排列的碁盤狀，每四町有一命名為「大路」的大道，如東西走向的一條大路、二條大路……，南北向走的一坊大路、二坊大路。大安寺正門面六條大路而建，和位於右京的藥師寺左右相對，是以鎮護國家為目的的官寺。寺域面積廣達東西三町、南北五町；伽藍配置的特色是有東西兩七重塔，塔身和

今日大安寺的規模，僅極盛時的4%，圖為復元模型，最遠處為兩座七重塔。（秦就攝）

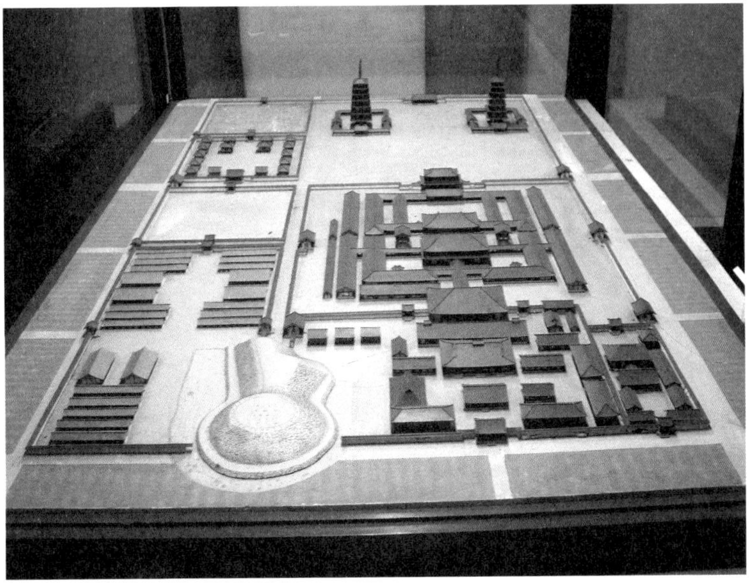

金堂遠遠相離，位在南大門外（南方），這種特殊的配置方法稱為「大安寺式伽藍配置」。

高僧群聚，佛教綜合大學

不但如此，許多名列日本史冊的僧侶都曾住過大安寺，如道慈、最澄、空海等；更有遠自海外的僧侶，如菩提僊那、佛哲、道璿等，海內外人才齊聚一堂，堪稱佛教綜合大學。

道慈律師是三論宗學僧，七〇三年乘遣唐船入唐，和他同船的尚有粟田真人，以及著名歌人山上憶良等。他在長安那帶有迎賓館功能的名剎西明寺停留十六年，博覽群籍，唐皇特加優賞。七一八年回日，他帶回被當成是護國經典而備受重視的新譯本《金光明最勝王經》等經典。回國三年，成為沙門典範，和神叡同被賜食封五十戶。曾參與官方史書《續日本紀》的編纂，又精漢詩，作品曾收入漢詩名著《懷風藻》。

大安寺現在的南門。是興福寺舊一乘院的門移建而來，建於大安寺舊南大門的基壇上。（秦就攝）

根據《今昔物語》與平安時代私撰史書《扶桑略記》的記載，道慈律師以西明寺為模範，營造大安寺。西明寺是唐代由國家供奉的幾座寺院之一，是御造經藏的保存地，以及長安城內的佛教文化中心。曾在該寺弘法的有玄奘、道宣、善無畏、不空等高僧，在佛教史上占有重要地位。弘法大師空海抵長安後，第二年移住西明寺；因西明寺仿印度的祇園精舍，祇園精舍則是仿彌勒淨土兜率內院，所以後來空海住大安寺，便讚歎大安寺是兜率之構、祇園精舍之業。

除道慈律師，曾住大安寺的僧侶還有招聘傳戒師鑑真和尚渡日的普照和榮叡；從道璿學華嚴且成為最澄剃度師的傳燈法師行表；在大安寺出家，後來補大安寺別當（住持）的弘法大師空海；行表弟子傳教大師最澄等。

至於外國僧侶停留大安寺的菩提僊那，原是南印度婆羅門階級，他翻過喜馬拉雅山入唐，停五台山，後來以長安崇福寺為據點傳揚佛法，受入唐日僧理鏡與遣唐使副使中臣名代等的邀請，而和林邑國（今越南）僧佛哲，以及唐僧道璿等一起赴日。七三六年，三僧抵九州太宰府，而由行基迎入平城京，住大安寺。菩提僊那和日本聖武天皇，以及行基、良辨（東大寺開山）和尚合稱為東大寺「四聖」。

菩提僊那弟子佛哲，曾在大安寺傳授樂人菩薩、拔頭等舞蹈，及林邑樂（原是越南的雅樂，後編為日本雅樂樂種之一）。

唐僧道璿先於鑑真將戒律傳入日本，他為傳北宗禪，乃在大安寺設禪院，並撰《梵網經疏》。他精通天台宗，後入吉野比蘇山寺精進禪修，對日本的山岳修驗者也有不小影響。弟子行表為傳教大師最澄之師，最澄「四種相承」（天台、密教、禪宗、大乘戒）思想，一般認為和道璿所傳的荊州玉泉寺的天台思想有關。

七五二年，菩提僊那擔任東大寺盧舍那佛像的開眼供養導師；道璿為東大寺大佛殿開眼供養任咒願師；佛哲則傳授東大寺大佛開眼供養會的舞蹈。

此外，在東大寺前身金鐘寺講《華嚴經》，讓華嚴宗在日本興盛一時的新羅僧審祥，也曾住大安寺。

雕像具價值，大安寺樣式

大安寺曾在日本佛教史上擔任如此重要角色，但隨著首都遷往平安京（京都）而漸次衰退。一〇一七年大火後，便難再恢復往日規模。一五九六年的地震後，到近代僅殘存一小堂而已。如今大安寺境內是國指定史跡，但本堂、嘶堂等都是近代所建。

大安寺的舊本尊是乾漆造釋迦如來像，平安末期的《七大寺巡禮私記》中提到：藥師寺的本尊像（國寶）雖是優秀之作，但不及大安寺的釋迦像。而平安末期完成和樣雕刻的佛師定朝，也曾仿刻大安寺釋迦像，可見其藝術價值，只是此像也早已不見。

奈良時代的佛教雕刻素材種類多，但以金銅佛像、乾漆佛像、塑像為主流，也有一部分是木雕佛像，這些佛像受到唐文化極大的影響。大安寺保存了十一面觀音、馬頭觀音、楊柳觀音、聖觀音、不空羂索觀音，以及四天王等九尊立像，是典型以一根木頭

本堂內部，本尊為十一面觀音，平日為祕佛，不允許公開參拜。（秦就攝）

（以下稱一木造）所刻雕像，但到了平安時代的佛像以寄木造（註❷）為主流，是木雕全盛的時代，所以這九尊木雕佛像有著奈良時代過渡到平安時代的意義，這些雕像也因此顯得別具價值，所以特稱為大安寺樣式。

從信仰的演變上來看，奈良時代末期也是密宗開始興盛的時期。奈良時代初期道慈律師已傳入密教，而同寺的系譜中尚有空海等密教高僧，所以會有這九尊雕像並不足為奇。九尊木雕雖都曾罹災，但仍全數指定為重要文化財。木像素材以榧子樹最多，這是一種中國少見，主要分布於日本、朝鮮半島的紅豆杉科樹木。這九尊雕像從頭部到台座都由一根木材雕成，甚至胸飾、瓔珞等裝飾品也全是刻出來的，而非黏貼上去。

各種造型的觀音雕像

九尊雕像除四天王像外，其他均為觀音像，這些觀音因具密教色彩，在臺灣較不常見，值得一觀。

十一面觀音

是本堂本尊，因是祛癌本尊，每天都會有眾多參訪者來此祈願。除每年十月一日至十一月三十日外，平時為祕佛（不允許公開參拜）。十一面觀音雕像的頭上有十一面頭像，分別代表菩薩修行階位的十地，而頂上佛則代表佛果；各種喜、怒、哀、樂的表情代表看到眾生的苦樂，因而隨之歡喜流淚；左手執寶瓶，右手垂下結與願印，象徵滅除一切眾生煩惱。本像在頭部和左手等地方雖有部分是後來修補，但身體和台座則保存良好。胸部瓔珞的雕刻精巧華麗，身體衣裳線條柔美，說是九尊雕刻中，最為優美的雕像也不為過。

馬頭觀音

是以千手觀音之名指定為文化財，但寺傳裡則說此像是馬頭觀音，乃安置於晰堂的祕佛，僅在三月公開。一般的馬頭觀音，頭上具有馬頭，但此像卻沒有馬頭，外觀上有倒立的焰髮、深鎖的眉頭、眥眼怒目，呈忿怒相。胸飾和足釧有蛇盤踞、衣裳上又披著獸皮腰衣。馬頭觀音，是像馬吃牧草般，吃盡一切惡，像馬喝水一樣，除去人們災厄，故被視為是除厄佛，也稱為馬頭明王或馬頭大士，後來又演變成能讓牛馬無病無災的菩薩。

楊柳觀音

是觀世音菩薩有三十三變化身之一，但大安寺此尊雕像，有著上揚的眼角，微張的嘴，加上頰、顎的肌肉線條，都使忿怒的表情更加生動，但如此的造形比較像是密教裡的明王，可是這尊像又是在空海傳入有體系的

安置於寶物殿──讚仰殿內的不空羂索觀音（中）、楊柳觀音（右三）、聖觀音（左三）、四天王。（秦就攝）

密教之前即已製作，可視為初期密教雕像的樣貌，也是楊柳觀音中少見的作例。裙上的唐草（蔓草圖案）花紋與頭髮、衣飾的刻畫，都有相當高的技巧，而這又讓人聯想起唐招提寺的雕像，但唐招提寺的一木造雕像未施內刳，而此像則施以內刳。內刳是把頭部到台座的木心挖出，以減少雕像龜裂機率的技法。

聖觀音

是顯、密二教都會提到的菩薩，為和變化觀音區別，也稱為正觀音，一般所說的觀音是指此觀音，他是眾菩薩中慈悲的代表，而本像靜謐溫和的容顏，正和其名號相稱，肩巾披在寬廣的肩膀，像在展現菩薩有如江海的慈悲心胸。胸部兩重的胸飾是連珠和瓔珞，據說正是唐代長安貴婦的穿著。

大安寺的不空羂索觀音。（秦就攝）

不空羂索觀音

大安寺的不空羂索觀音立像，是一尊沒有胸飾、石帶，外觀簡素的雕像。古印度持繩圈羂索以求漁獵，用之象徵接引救濟眾生的心念不空，又羂索是比喻菩薩的四攝法，《大日經疏》卷五：「羂索是菩提心中四攝方便。」從奈良時代到鎌倉時代，信仰此尊觀音的風氣很盛，著名的興福寺、東大寺法華堂都有不空羂索觀音像。此觀音以一面八臂或三面六臂較常見，大安寺的不空羂索觀音屬前者，但未持法器。

大安寺例行法會以大般若會最著，據說奈良時代曾有一次發生大飢荒，疫病蔓延，人們恐慌不已，道慈律師乃轉讀《大般若經》，祈求天下平安，是為大般若會的起源。此外，民間流傳大安寺十一面觀音能祛癌，因此每年一月二十三日的「封癌笹酒祭」，會有來自各地的大量信眾如潮水湧到，也是大安寺一年一度的盛事。

大安寺的封癌笹酒和笹水，據說可以祛癌。（秦就攝）

註❶ 高市大寺和大官大寺的關係，是單單名稱上的改變，還是因遷移而改名，學者的意見分歧。

註❷ 寄木造是由多根木頭組成為一尊雕像的方法，詳參作者《禪味京都——古寺侘寂之美》中〈平等院〉一文。

新藥師寺

十二神將大眼佛

新藥師寺和藥師寺名稱相近，同在奈良，寺名雖加了「新」，但其實也是天平時代即已存在的華嚴宗古剎。平安時代以後規模雖然變小，但仍保存了十二神將等諸多文化遺產。

址 奈良市高畑町1352番地
電 0742-22-3736
網 http://www.k5.dion.ne.jp/~shinyaku/about.html

新藥師寺本堂。（達志影像提供）

新藥師寺位於奈良市區東南方，春日社的二之鳥居南方，山號日輪山（古代寺院無山號，此山號是後世所加）。

最盛時面積有四町——約四四〇公尺見方的寺地，創建於八世紀的奈良時代，是一官立寺院。

平安時代末期的《東大寺要錄》中記載此寺乃東大寺末寺，又說建造緣起是：七四七年光明皇后為祈求丈夫聖武天皇的病能早日痊癒而建此寺，同時還造了七佛藥師像，別名香藥寺，大小九間的佛堂中有「七佛（藥師）淨土七軀」（註❶）。

《續日本紀》則記載：七四五年，聖武天皇命京師和畿內諸寺舉行藥師悔過法會，又命諸國立「藥師佛像七軀高六尺三寸」。故知新藥師寺的創建和立七佛藥師的敕命有關。

創建當時擁有金堂，並和藥師寺一樣具有東、西兩塔。七八〇年，西塔受到雷擊燒毀，並延燒到其他堂宇。九六二年，颱風侵襲，使金堂等主要堂宇倒塌。到了鎌倉時代由華嚴宗中興之祖明惠上人致力重建，故本堂以外的現存主要建築是鎌倉時代建築，只是和天平時代的規模相較，仍然有段距離。

國寶本堂和大眼藥師佛像

本堂（國寶）是本瓦葺，屋頂的曲線平緩，給人低平的印象，加上白色外牆，都是天平時代建築的特色。正面為柱間七間，其中中央三間為出入的門戶，正面的左右各開一窗。側面、背面也在中央設門戶，但不開窗。堂內地面未鋪地板，粗柱聳立，給人簡素，但強而有力的感覺。

鯱常見於日本寺院的瓦葺屋頂脊梁兩端上，和鬼瓦一樣具有守護神的功能，傳說建築物發生火災時，鯱會噴水滅火。（孟家瑋攝）

不過，這一建築並非創建當時的金堂，是將別的堂宇移作金堂使用，屬於現存少數的奈良時代建築之一，故而彌足珍貴。

堂內中央是一圓形土壇，乃供養本尊藥師如來（國寶）的佛壇，像高一九一點五公分。特色僅在頭部，於眉、瞳、髭等處用墨，唇則塗朱，其他地方則不施色彩與金箔。眼睛睜得比一般佛像開，且眼梢刻畫較深。一般認為是平安時代初期八世紀末左右的作品，但也傳說是聖武天皇為當時患眼疾的光明皇后所造，故也有人認為是造於奈良時期。該像的光背有六尊化佛（較小的藥師如來坐像），和本體合為七尊，表現《藥師琉璃光七佛本願功德經》中所說的藥師七佛。又一九七五年在調查時，發現像內有平安時代初期的《法華經》八卷。

藥師琉璃光如來以能解決病苦防災等十二大願而成佛，為病所苦的眾生視之為醫王如來，而藥師如來手中所持的藥壺，象徵能治療身體、心靈、社會等各種疾病。此尊藥師佛因為眼睛大而美，到現在都有很多眼疾患者來此參拜。

本堂的另一特色，是佛壇外有守護本尊的十二神將像（國寶），為日本最古最大的十二神將像。

這些立像均是奈良時代所盛行的泥塑像，而這幾尊正是代表性作品（其中一尊為補作）。這些大小等身的立像，造形上呈現忿怒表情，體態則相當有活力，充滿動感。

十二神將分別守護著十二個方位，故被視為干支（十二支）的守護神。和同為塑像傑作的東大寺戒壇院四天王像相較，這十二尊的姿態更生動誇張。

此外，鎌倉時代所建的南門、東門、地藏堂和鐘樓皆屬重要文化財。地藏堂前方左側有一實忠和尚石塔，日本較少層的佛塔多為木造，如三重塔和五重塔，而層數較多的塔則多為石塔，石塔多做為和尚墓。

此石塔外觀雖是五層，但原本在奈良時代則高達十三層。崩倒後改成現在的五層石塔，其中下面二層是創建當時的原物，上面三層才是後來修復的部分。

新藥師寺本堂實忠和尚石塔。（達志影像提供）

新藥師寺南門外觀。（許朝益攝）

實忠和尚的一生花了很長時間參與東大寺的興建，東大寺二月堂所舉行的修二會即是他所創始。「人生到處知何似，應似飛鴻踏雪泥。泥上偶然留指爪，鴻飛那復計東西。老僧已死成新塔，壞壁無由見舊題。往日崎嶇還記否，路長人困蹇驢嘶。」此詩雖是蘇東坡感嘆人生到處飄零，時光飛逝的詩，但似乎也可用來印證新藥師寺的和尚塔，人生短暫，不但老僧會圓寂，甚至連和尚墓也會在時光中湮滅倒毀。

吊鐘傳說與夜泣地藏

新藥師寺鐘樓中的梵鐘（重文）鑄於天平時代，因《日本靈異記》中有道場法師在此鐘下打敗惡鬼的記載而出名。此鐘原是元興寺吊鐘，相傳天平時代元興寺鐘堂附近常有惡鬼出沒，村民飽受其苦。當時還是優婆塞而後來在元興寺出家的道場法師為了打鬼，乃事先埋伏在鐘堂等鬼現形，經過一場打鬥，惡鬼自知不敵，乃往東逃入山中躲藏，法師追之不及，後來惡鬼藏身的山峰乃名為鬼隱山。鎌

上 / 新藥師寺的吊鐘原在元興寺，在日本頗為知名，傳說道場法師擊退鬼時，即在此鐘下。（孟家瑋攝）

下 / 南側和西側的土牆邊有為數不少的石佛群，在龜裂土牆的襯托下，給人一種悠遠古老的感受，很符合新藥師寺的整體氛圍。（孟家瑋攝）

倉時代元興寺鐘堂燒毀，吊鐘便改置新藥師寺，據說鐘上的許多傷跡即是傳說中鬼的爪痕。

本寺另一流傳甚久的傳說則是夜泣地藏（木造地藏菩薩立像）傳說。

傳說從前春日大社每到半夜就會聽到小孩子的哭聲，神官對此深感奇怪，於是往哭聲傳來的方向一路找去，結果聲音竟是來自本殿的櫥子中。神官戒慎恐懼地打開櫥櫃門，發現裡面有一尊地藏像，他仔細聆聽仍在抽泣的地藏的心聲，才發現該像說著：「我想回新藥師寺。」

於是，神官迅速將該地藏像送回新藥師寺。從那時開始，春日大社每年都送五斗米給新藥師寺，據說這一傳統一直維持到明治維新為止。

此地藏菩薩像現在仍供養於新藥師寺的香藥師堂。二〇一一年新藥師寺的此一木造地藏菩薩立像，曾經運送來臺參加三義木雕博物館展出，該像具平安時代前期造型的特色，鎌倉時代曾改造此像，而當時的彩色層幾乎完整保留至今。

自明惠上人重建新藥師寺後，江戶時代德川家康給予寺領百萬石，使此寺在江戶時代又持續繁榮了好一陣子。而今，該寺依舊保有天平時代古剎的美名，即使名氣比不上附近的許多寺院，但一如過去的一千兩百五十年一樣，永遠默默地聆聽著到寺參訪者的祈禱與心願。

註①　此為原文，指藥師佛像及其光背的六尊化佛。

西大寺

唐招提寺

藥師寺

海龍王寺

奈良

西京近區

法華寺

西大寺

大茶盛式東塔跡

奈良西大寺為南都七大寺之一，
不同於其他寺院以佛為本尊供奉，而以四大天王為本尊，
雖然啟建之初是以官方之力促成，
但現存的西大寺是由興正菩薩叡尊的弟子賢任，結合大眾的力量所建。
與正菩薩叡尊的坐像，因佛像中裝藏大量文物，讓後世得以知悉叡尊一生的弘教經歷，
而五重東塔跡被視為該寺的標記。

址 奈良市西大寺芝町 1-1-5
電 0742-45-4700

位於奈良市西大寺芝町的真言律宗總本山西大寺，曾是南都七大寺之一，今天的西大寺則是日本國指定史跡，以「大茶盛」式聞名全日本。

西大寺的創建起因於天皇寵臣、位居太師正一位（相當於唐朝的宰相）要職，並權傾一時的惠美押勝（即藤原仲麻呂）（註❶）謀反，故在七六四年，稱德天皇為求亂事平息，發願造四天王像，以鎮護國家，希望早日恢復和平。

七六五年，為安置四天王像乃更進

西大寺本堂前方的基壇是五重東塔跡，也是西大寺著名的標記。（秦就攝）

一步建立寺院，也因為這樣的緣故，西大寺和其他以釋迦如來或藥師如來為本尊的寺院不一樣，而是以四天王為本尊。

創建當時的寺域廣闊，東西達十一町、南北七町、面積三十一町（約四十八公頃），所以建寺過程長達十五年以上，且擁有藥師金堂、彌勒金堂、四王堂、十一面堂、東西五重塔等超過百棟建築，是足以和東大寺並駕齊驅的官寺。

中興之祖叡尊

西大寺到了平安時代漸次衰頹，這命運到了中興之祖叡尊（一二〇一～一二九〇年）出現，才有所改變。

叡尊是大和國（今奈良）人，俗姓源。十一歲起，在醍醐寺、高野山等地方修行。三十五歲時第一次前往西大寺，後短暫住海龍王寺；一二三八年回到西大寺，此後，他把下半生都奉獻給業已荒廢的西大寺的重建工作上，直到他九十歲圓寂，期間超過半世紀。

叡尊以振興律學為己任，他認為：「縱定慧該貫，戒法不淨，諸善功德不能增長。」當時戒律之書甚少，於是由其弟子定舜、覺如入宋，請來許多律書。他經常向僧眾講授戒律，並為僧尼、居士授戒。

但叡尊並非自己一個人關在深山幽谷過著戒律生活，他宣傳禁止漁獵殺生，並和弟子忍性致力社會救濟，對貧困者施與米錢，為有牢獄之災者煮水施浴，他就這樣把通衢大街當成弘揚佛法的地方，而被稱為「市中之聖」、「生身釋迦」，後來連鎌倉幕府權傾一時的北條時賴、北條實時等人也都皈依在他門下。一三〇〇年，叡尊被追諡為興正菩薩。

一八九五年，在滅佛毀釋的狂潮下，西大寺從真言宗獨立為真言律宗的總本山，奉叡尊為宗祖，是一受持戒律並以救濟眾生為目標的佛教宗派，又稱戒律宗、南京律（南京指奈良），和以京都泉涌寺所傳承的北京律（北京指京都）相對稱。

五重東塔跡與重要文物

叡尊所復興的伽藍，多數在一五〇二年的大火被焚毀，現今所見伽藍多是江戶時代以後所重建。古樸典雅的南門，建於室町時代後期，是以前的正門。穿過南門便可看到一個高起的基壇，上頭殘留許多礎石，這便是西大寺最明顯的標記——五重東塔跡（重文）。

據考證，西大寺原計畫建造八角七層塔，後改為四角五層，是至今仍可見的創建之初的唯二文物（另一件是四天王像）。

光禿禿的礎石，似在無言訴說西大寺悠久的歷史與往日的榮光。

圍繞著塔跡的伽藍有本堂、愛染堂、四王堂、聚寶館（寶物館）等。

東塔跡北側就是本堂（重文），是西大寺最大的建築物，單層本瓦葺寄棟造；一八〇八年左右完成，是江戶時代後期建於奈良的最大木構佛堂。建築本身是罕見的完全不用土牆的全木板牆建築物，內部外陣圍著內陣的設計，保有古風；外部除了用棧唐戶（類似格扇門）外，還有連子窗（直木條縱向排列有如柵欄的窗戶）、長押（日式建築門框上的裝飾用橫木）等和樣建築結構。

本堂是西大寺最大的建築物，也是江戶時代後期建於奈良的最大木構佛堂，本身是罕見的完全不用土牆的全木板牆建築物。（秦就攝）

本堂的本尊是釋迦如來立像（重文），高一六七公分，寄木造，乃善慶為首的十一名「善派」佛師（取其名字中共有的「善」字）的作品。因叡尊對佛陀充滿尊崇之情，便將造像的意願告訴弟子賢任，賢任乃和施主十人、結緣者一百八十六人討論後，發願造像。一二四九年三月十三日西大寺派遣僧眾十六人，以及善慶等佛師九人、木匠二人到清涼寺，十四至二十日，供養該寺釋迦像。期間二百七十五人受菩薩戒，製作佛像的佛師、木匠均先持齋淨身。

三月十五日起，在該寺釋迦像前仿刻，佛像在四月三日完成，五日將新刻佛像請至西大寺。十五日起，花了九天貼金箔，五月四日安置四王堂，並將舍利、水晶五輪塔、經卷、願文、結緣交名等置入像內，五月七日開眼供養。這一切都記載在置於像內的叡尊所著的《感身學正記》及台座墨書銘文等文書中。一尊佛像的誕生須經過如此繁複的程序，而期間恭敬與謹慎的態度，更令人感動。

另外，日本許多寺院是因有朝廷、貴族或幕府將軍等有力的外護而得以重建，但西大寺包括此尊佛像，及愛染明王坐像、興正菩薩（叡尊）坐像等，都是集合諸多信眾之力而得成就，因此更顯得意義不凡。

叡尊一直希望佛教能回歸印度佛陀時代的原點，他和唐招提寺覺盛為振興南都佛教而發起釋迦信仰運動，仿刻這尊三國傳來釋迦像（「三國」指印度、中國、日本），正是這個運動的體現。此像有卷髮如繩、結施無畏印、與願印，衲衣有清楚的水波紋、兩腳呈Y字形，是「清涼寺式釋迦如來像」的典型作品。但沿襲之中也有創新，如表情更加柔和、衣褶紋不如清涼寺像清晰，整體而言，給人更加追求整體形式美的印象。

本堂左側為文殊菩薩騎獅像（重文），雖是叡尊往生後所造，但他生

本堂中仿刻自京都清涼寺三國傳來釋迦如來像。（秦就攝）

左頁圖 / 今之四王院，奈良時代西大寺本尊原本是四天王。（秦就攝）

左 / 面向本堂左側的文殊菩薩騎獅像，圖右前方的童子即有著兔之眼的善財童子。（秦就攝）

右 / 面本堂右側的彌勒菩薩坐像，和臺灣常見的彌勒造形頗異。（秦就攝）

前即信仰文殊菩薩，日本現存的文殊菩薩像較少，所以此像在日本頗富盛名，菩薩右手拿劍，左手持經，騎在獅子上。小孩造型的脅侍善財童子，有一對天真無邪、純粹無垢的眼睛，彷彿期待著或祈求著什麼，日本作家灰谷健次郎便以此為題，寫作小說《兔之眼》，暢銷百萬冊。

西大寺的四王院則重建於一六七四年，是造型簡樸的雙層建築，堂內的四天王立像（重文）原是稱德天皇發願時的四天王像，但歷經多次火災，今天所見的多聞天木像，以及其他三尊天王銅像都是後世補作，只有後三尊腳下所踩的邪鬼是奈良時代創寺當時的原物，和奈良法華堂或戒壇院的四天王像的邪鬼相比，這些邪鬼的腹部更向上仰，因此更能清楚看到他們誇張的表情動作，是成功之作。

臺灣少見的愛染堂

一七六二年，愛染堂由京都御所近衛公政所御殿移建而成。堂前兩株菩提樹，相傳是叡尊所植。愛染堂屋頂是歇山式建築，內部分中央的內陣、南側的御靈屋及北側的客殿。

本尊愛染明王坐像（重文）安置於內陣櫥子中，檜材寄木造，高三十一點八公分。此像雖小，卻是日本愛染明王像的代表作之一。有著頭戴五鈷鉤獅子冠，寶瓶蓮華座上結跏趺坐的三目六臂的外形，因愛染明王能將愛欲貪染轉化為清淨菩提心，故從前日本人相信愛染明王能護佑男女姻緣和合，信仰功

能類似月下老人。

另外，「愛染王法」法門，相傳是可以終止戰爭的密法。一二八一年，元世祖忽必烈下令攻打日本，叡尊即以此像為念持佛來修法。因是祕佛，佛像完成時的色彩和金箔都保存得較為完整，每年僅一月十五至二月四日，以及十月至十一月左右開放供人參觀。

佛像中置入大量文物的特色

興正菩薩叡尊上人坐像（重文）位於面向愛染堂的左邊，是叡尊八十歲時的肖像，檜材寄木造，高九十一公分。上人的兩道前突長眉、圓鼻閉口及結跏趺坐時深淺複雜的衣服線條，刻得很仔細，清楚傳達了像主的外形特徵，是鎌倉時代人物肖像雕刻的壓卷之作。又此像左手拿拂塵，兩袖極長並向左右延伸的表現方式，也影響了後來律宗系的其他肖像雕刻。

西大寺鎌倉時期雕像的一大特色，是像中收納了許多文物，因而保存了大量當時史料。叡尊上人坐像中還放入叡尊父母的遺骨、自誓受戒記、叡尊一生的紀念性物品、叡尊弟子結緣原由的發願文、經卷等，意外讓後世之人得以清楚得知叡尊一生的宗教活動狀況。

聚寶館建於一九六〇年，是展示寺寶的地方，許多西大寺國寶級文物都集中在這裡保存，包括和「大茶盛」有關的古代茶碗等，是喜歡佛教藝術精品者，不可錯過之處。

超大茶碗和茶筅的大茶盛式

西大寺舉辦的盛事首推一月十五日，四月第二個週六、日，十月第二

愛染堂是舉行「大茶盛」之地，右前方兩棵菩提樹相傳是興正菩薩叡尊所植。（秦就攝）

個週日在愛染堂舉行的「大茶盛」式（註❷）。

據說「大茶盛」式的活動，源於叡尊向西大寺的守護神八幡宮獻茶致謝，並把功德迴向給參訪者，讓所有人同享飲茶的喜悅。

當時茶葉剛傳入日本不久，傳說喝茶後能息全年病災，於是都爭相到西大寺飲茶，漸漸地，參訪者不絕於途，小茶碗來不及裝茶，西大寺乃用高二十一公分、直徑三十六公分、周長約一〇七公分的巨碗讓大家飲用，因而得名「大茶盛」。

大茶盛的陶碗，據說造價超過百萬日幣，得小心飲用，力氣小者可由旁人幫忙捧著喝，喝一口後放下，挪一邊後，傳給下一位享用。

因茶碗太大，連用來調茶的茶筅也長達三十五公分。現在的人聽到茶筅不是想到日本茶道，就是根本不知那是何物，其實茶筅是從漢地傳到日本的調茶工具，乃「點茶」中的必備茶具，以細竹絲繫成一束，加柄製成。

點茶時，將茶粉放入碗中，注入沸水，再用茶筅快速攪拌茶湯，使之發泡，直到泡沫浮於湯面達「香凝翠髮雲生腳，濕滿蒼髯浪捲花」（註③）——有如浪沫、雲腳的境界，此時顏色愈鮮白、茶沫停留時間愈長，代表茶技愈高，是中國古代從宮廷到市井「鬥茶」時評斷勝負的標準。後來泡茶取代茶粉點茶的技藝，點茶技藝卻在日本茶道中獲得保存並發揚光大，茶筅也沿用至今。

至於大茶盛的點心是稱為「金錢」餅的「開基勝寶」。那是七六〇年鑄造的金、銀、銅三種貨幣的一種。但開基勝寶後來皆未能發現。直到一七九四年，終於在西大寺的西塔跡發現一枚，是日本至今所發現的最早的金幣。經過一百四十多年後，於一九三七年又在西大寺西北丘陵挖出三十一枚開基勝寶，西大寺的「金錢」餅即是紀念此事，但餅的質地很硬，最好剁成兩半再吃。

想參觀奈良西大寺，或參加大茶盛式，可搭近鐵的電車到大和西大寺站下車，走路幾分鐘便可到達。

註① 藤原仲麻呂（七〇六～七六四年），奈良時代公卿，七四三年任參議，得光明皇后信任而得勢，但與左大臣橘諸兄（六八四～七五七年）不和，七五七年聖武天皇死後，橘奈良麻呂（橘諸兄之子）造反遭仲麻呂鎮壓，淳仁天皇即位後，賜名惠美押勝，後於七六〇年陞任太師。因孝謙上皇寵信道鏡（僧人，七六四年受封大臣禪師，參與政事），仲麻呂有心除之，七六四年遂叛反，後被捕於近江高島郡，與妻子同時被斬。

註② 平日需三十名以上的團體方可預約。

註③ 元代謝宗可〈茶筅〉詩：「此君一節瑩無瑕，夜聽松風漱玉華。萬縷引風歸蟹眼，半瓶飛雪起龍牙。香凝翠髮雲生腳，濕滿蒼髯浪捲花。到手纖毫皆盡力，多應不負玉川家。」

唐招提寺

風月同天感鑑真

往唐招提寺的路上，如詩如畫的風景躍前，
走在千年伽藍裡，看著污泥中伸展出的亭亭蓮葉，
不禁憶起千年之遙的建寺者鑑真和尚，
雖然因東渡來瀛而雙目失明，且終生未能再踏上中原故土，
可是他弘法的熱誠，令人動容落淚！

在日本奈良近鐵西京站下車後，往筆直的小路走去，身旁是兩排農家，家家庭園，處處潔淨，雖有短牆，但綠意關不住，直撞入眼簾。農家之後即是一大片一大片水田，綠野之後則是像渲染法的水墨畫般，邊際線模模糊糊的青山在吐納著煙雲。除了飛馳而過的電車時而打破安寧外，可謂一片靜寂，很難想像一千多年前這裡曾是模仿長安所建的日本首都——平城京。

小路盡處右轉，以往在書中所看到平面圖像的或文字敘述的唐招提寺，驟然躍出紙面，立體地在眼前緩緩展

址 奈良市五條町13-46
電 0742-33-7900
網 http://www.toshodaiji.jp/

唐招提寺金堂。（坂上嵐攝）

開。

雖然已過中秋，但草木尚未凋零，卻都已轉成暗綠，為寺院加添了古樸色彩。

金堂的本尊是盧舍那佛坐像，但引起我注意卻是旁邊的千手觀音。一般千手觀音多是象徵式的，認真數的話只怕不到百支，但這尊千手觀音卻密密麻麻地刻了無數隻手，使得菩薩就像長了翅膀一樣，隨時會飛起來的樣子。

菩薩示現千手，只為隨時能替苦難眾生伸出援手，這尊特別的菩薩雕像的確令人感受到觀世音菩薩的慈悲。

「與樂曰慈，拔苦曰悲」，我突然想到在人間致力於解除人們病苦，恢復病者往日健康笑容的醫師、藥師，不正是與樂拔苦之人嗎？這令我不由得更加尊敬鑑真和尚。

赴日弘法，五度不成

時為大唐盛世，日本學問僧榮叡、普照留學告一段落，正準備啟程返日，途經揚州時，得知鑑真和尚在大明寺講律，兩人同往參聽後向和尚頂禮，懇求「東遊興化」。

日本的長屋王贈給唐朝僧侶的一千件袈裟上繡著：「山川異域，風月同天，寄諸佛子，共結來緣。」

據說鑑真和尚曾深深被這幾句打動，或許是這個緣由，使和尚竟毫不遲疑，欣然受邀。他大無畏的反應，令人聯想起在他之前不久到天竺取經的玄奘大師。

「天寶舊事」如今總被用來形容時移事往的陳年舊事，而俗姓淳于的鑑真和尚，則真是這時代的人。當代的航海技術仍相當落後，例如日本所派的遣唐使，十七次渡海紀錄之中，遭海難沉沒或漂流到他地者就有八次之多，所以他的弟子們便以「滄海淼漫，百無一至」，極力勸阻年已五十五歲的和尚東去，然而鑑真和尚為傳大法，何惜身命！他用堅定的語氣說：「是為法事也，何惜身命？諸人不去，我即去耳！」

只是那時的台州、溫州、明州等地不安寧，海盜出沒，海路為塞，也使鑑真和尚一行被誤為海賊，船隻沒入，東渡失敗。

日本學問僧榮叡、普照等一行人被禁釋出後，再度懇求鑑真和尚赴日，和尚仍是慨然應允，並反過來安慰他們：「不須愁，宜求方便，必遂本願。」

於是他們又展開第二次的東渡準備，這次雖然是順利出了海，但船到了狼溝浦遇風浪而破損，上岸修理後重新出發，但到了乘名山再遇風浪而觸礁。

此後各地衙門奉上命不許和尚出國，且追蹤他所經過的各寺要將他捉拿，嚴加「保護」，不准他赴日。

直到天寶七年（七四八年），榮叡與普照又訪邀鑑真和尚，他們從揚州出發，船到東海「怒濤再至，似入深谷」，於是這艘飽受摧殘後的船隻，在汪洋中失去方向，任其漂流。更淒慘的是飲水已盡，船上的人只能吃生米維生，連海鳥都以為他們沒生存的機會了，紛紛來襲，用手推開，反被海鳥所咬，如此支持了十四個晝夜，終於看到了陸地，卻不是目的地——日本，而是相差十萬八千里反方向的海南島。

這次的重挫，使日僧榮叡及鑑真大弟子祥彥分別圓寂於端州及吉州，而鑑真和尚本身也因不適應南方溽暑，罹患眼疾而導致雙目失明。

遇到了這樣的挫折，應該打消和尚

御影堂內鑑真和尚像。（李賀敏攝）

東渡的念頭了吧！不，到了天寶十二年（七五三年），鑑真和尚已六十六歲，離初次被邀赴日，早已過了十一個年頭，前後東渡失敗已計五次。日本方面因深慕這位弘律大師，遣唐大使藤原清河及副使吉備真備在回日本前，再次邀請和尚，和尚仍是未加猶豫地首肯。而此番答應一起東去的有弟子法進等二十五名，隨船並帶了佛經、佛舍利、佛像還有王羲之、王獻之父子的墨寶真蹟。

鑑真和尚雖不會日文，但曾到唐留學的學問僧們一定會幫他翻譯，所以弘法布教不成問題，於是一行人浩浩蕩蕩地分乘四艘船朝扶桑進發。鑑真和普照等一艘，遣唐大使藤原清河與同李白、王維友好的晁衡等一艘，遣唐副使吉備真備等為一艘，判官布勢人主等一船。

鑑真和尚和吉備真備這次終於平安抵達日本，倒是藤原清河、朝衡及布勢人主所搭的兩艘船，在鑑真和尚等一行抵日後數月仍未有下落。大家都以為凶多吉少，連李白也聽說朝衡已遇難而作〈哭晁卿衡〉詩一首弔亡：「日本晁卿辭帝都，征帆一片繞蓬壺。明月不歸沉碧海，白雲愁色滿蒼梧。」

事後多時才知布勢等飄至日本九州薩摩（今鹿兒島縣），而清河、晁衡等又遇上海難，飄到比那次和尚飄到的海南島更遠的安南，他們不得已只得再次仕唐，終其一生未能再踏上故國日本。可見鑑真、普照和尚等這次能到達日本，也是帶著相當運氣的。由此可知，當時出入日本是如此多險曲折！

西京建寺，授戒傳律

鑑真和尚一行人抵達日本後，立刻受到最高的禮遇，他到了當時日本的平京城奈良後，即被迎接到東大寺，向著才開眼、但尚未貼金箔的盧舍那大佛頂禮拜下。……開眼，和尚或許是睜開著眼睛頂禮膜拜的，但眼睛是再也看不見大佛，看不見日本了。

不久，日本孝謙女皇派吉備真備傳詔：「大德和尚遠涉滄波來此國，誠副朕意，喜慰無喻。朕造此東大寺，經十餘年，欲立戒壇，傳授戒律，自有此心，日夜不忘。今諸大德遠來傳戒，冥契朕心。自今以後，受戒傳律，一任大和尚。」足見當時日本朝野對鑑真和尚之重視。

和尚於東大寺建立戒壇，日本天皇登壇受戒，為日本天皇登壇受戒之始；並任他為日本出家人最高權威的大僧都，加大和上（上＝尚）號。

兩年後，鑑真和尚離開大僧都位，在西京建寺。辛苦完成建寺之後，天皇特賜名「唐招提寺」，今寺門上的唐招提寺額為女皇用王羲之字體所書。天皇並下詔書，凡出家者先到唐招提寺學律再選自宗。

為什麼叫唐招提寺呢？多數日本人也不懂，而照著漢字解為「自『唐』『招』引而來的和尚所建的菩『提』『寺』」，這與本意完全不同。

原來「唐」是唐律之略，希望日本戒律能像大唐一樣。「招提」二字，根據玄應撰述的《一切經音義》，譯為「四方」，日本著名佛教學者中村元也主張：「奈良的『唐招提寺』的『招提』為『四方之人』原語的音譯。」所以建寺時已標示著讓四方各國眾僧停宿之意，至今此寺仍是

唐招提寺戒壇。戒壇院建築物在江戶時代末期燒毀，僅剩三級石壇，壇上覆缽式卒塔婆安裝於一九七八年。（秦就攝）

日本律宗的總本山，而和尚被尊為日本律宗初祖。

鑑真和尚雖一輩子未能親眼目睹日本，卻以背誦之法校正經句之誤，其行止並進而影響日本其他佛門宗派，包括一起從平戶（今長崎縣內，鄭成功出生地）出海到唐留學的空海、最澄兩位影響日本文化至深的大師。

鑑真和尚還有一項鮮為現代日本人所知的是：他曾被日本人視為僧醫、藥王。原來他著有《鑑上人祕方》，並因推薦藥物使光明皇后的病迅速恢復而傳為美談。

令人驚訝的是和尚竟精通藥物，業已失明的鑑真和尚，還辨訂了許多日本藥品的真偽，他使用的方法是靠嗅覺，而且一次錯誤也未曾發生。

除了校正名不符實的藥物外，鑑真和尚也傳新藥到日本，其中以《金光明最勝王經》中，被稱為藥中之王的「訶梨勒丸」最著。因此為了紀念鑑真和尚，一直到江戶時代，日本包裝草藥的藥袋上都還印有鑑真和尚的肖像。

國寶伽藍，追憶鑑真

唐招提寺在一九八九年時，已登錄為世界文化遺產。境內金堂、講堂、寶藏、鼓樓皆是日本國寶建築，是由當時日本朝廷及各方有力人士次第增建而成。面對南大門後的金堂，是奈良時代所建的所有金堂中的唯一遺蹟。

金堂的本尊盧舍那佛坐像（國寶，八世紀奈良時代），是像高超過三公尺的巨像，以奈良時代常用的佛像技法「脫活乾漆」造成，傳說是和鑑真和尚同時赴日的弟子義靜所作。

讓我注視良久的千手觀音立像（國寶，木心乾漆，彩色），像高五點三六公尺。一般認為建造完成時確實有千隻手，現存大手四二、小手九一一、合計九五三隻手，是令人望而生敬的菩薩像。

其他金堂中的梵天、帝釋天及安置在須彌壇四角落的四天王立像都是奈良時期、同工作室所製作，現全數列為日本國寶，諸尊造型予人重厚的感覺，充滿亞洲大陸的氣息，明顯受到鑑真和尚及其弟子的影響，也反映了當代最新的佛像樣式。唯藥師如來立像是九世紀平安時代遺留至今的國寶。

但諸國寶雕像中，最值得一提的還是御影堂中，日本現存最早的寫實肖像——「鑑真和上坐像」（脫活乾漆，彩色）。和尚在日本渡過生命中唐招提寺寶藏和東大寺正倉院同為「校倉造」建築的代表。地板離地高和由三角木頭累疊成壁是特色，以木頭平坦面為壁內側，四壁相交處做出切口固定，構成外形特殊的建築。（釋果品攝）

最後的十個年頭，七六三年春，弟子忍基夢見棟梁折斷，認為這是和尚即將圓寂之兆，決定為他造像。和尚在肖像製作當年的五月六日，結跏趺坐，面西圓寂，三天之後頭部猶有餘溫，久久無法入葬。他在踏上日本國土後，終生未再履唐土，但故鄉之人聞其往生，各寺廟著喪服三日。

江戶時代著名的俳句詩人松尾芭蕉，在禮拜鑑真和上坐像後，歌詠出「願以一片新葉，拭乾目下滴液」的句子，多數人認為這「滴液」暗示眼淚，問題是鑑真和尚為何流下眼淚？或者是芭蕉觀像後的自我投射？……詩的多義性，為立像也為和尚增添了傳奇色彩。

從林蔭深處的和尚御廟中走出，跨過小木板橋，才想著「長溝流月無聲去」的句子，不知不覺間已來到一蓮

講堂原是平城京東邊的朝集殿，是現存唯一的平城京宮廷建築遺蹟。（板上嵐攝）

池，這就是日人口中的「唐招提寺青蓮」吧！

就在同一時刻，我想起晚年患有白內障的西方印象派大畫家莫內，那時他已與色盲無異，卻依靠簽條選色，畫出了令世人激賞的《睡蓮》系列。而鑑真和尚種這一品種的蓮花是有藥用的目的，於是就在同時，我彷彿見到同樣患有眼疾的鑑真和尚嗅藥的身影。

參訪的前一天曾下過雨，自污泥中伸展出的亭亭蓮葉上，還留有許多晶瑩剔透的水珠，微風吹拂，許多滾動著的水珠紛紛跌入池中成為池水，生命聚散無常，彷彿露珠！

步出南大門前我再度回首，以尊敬的目光端詳金堂上飛檐，啊！那上頭的黑瓦不正是「天平之甍」（註❶）！

御影堂外的走道，鑑真和尚像即安置於御影堂內。（坂上嵐攝）

註❶

《天平之甍》是日本文豪井上靖有感於鑑真和尚的偉大行蹟，所寫的歷史小說。

藥師寺

凝音雙塔三藏院

日本古代社會的佛教伽藍可說是綜合大學，是帶來最尖端情報的文化中心。供養著玄奘法師頂骨舍利的藥師寺，與唐朝東渡日本的鑑真和尚所建的唐招提寺僅咫尺之遙；而一個地方同時散發著唐朝前後兩位國際級大師的智慧光輝，在世界其他角落恐怕並不多見。

址 奈良市西ノ京町457
電 0742-33-6001
網 http://www.nara-yakushiji.com/

藥師寺金堂。（坂上嵐攝）

黃昏時刻，西斜的陽光潑灑在藥師寺域內的所有建築物，使得這些多屬重建的朱色寺宇彷彿染上一層金粉，透顯出一種有如鳳凰浴火般重生的生命力。這大概就是初建完成時的氣勢吧！

龍宮造藥師寺

藥師寺為南都七大寺之一，當年巍峨的建築群被稱為「龍宮造」。根據傳說，龍宮是龍王或龍神的住處，鳩摩羅什所譯的《龍樹菩薩傳》、賢首《華嚴傳》卷一等都曾指出龍宮中藏有勝妙的經典。因此，藥師寺被稱為龍宮造，實是最高的禮讚，除了建築物的美震懾人心外，也隱含該寺收藏了許多法寶吧！

對四面環海的日本人而言，龍宮是富有神奇瑰麗色彩的地方。日本老少皆知的浦島太郎故事，便是敘述青年浦島太郎到龍宮的奇遇，他原本和公主在龍宮過著快樂的生活，後來想念人間而重回人間；因未聽勸告打開寶盒，使他由青年頓成雞皮鶴髮的老人，仙境一日，人間數年……。

而人間是天災人禍經常洗禮的地方，藥師寺原本的七堂伽藍幾乎全都成為灰燼，唯存東塔經歷千年風霜，透出神祕的原木色，默默守護著沒落的南都，為人世間的滄桑做見證。

東塔是日本歷史僅次於法隆寺塔的悠久古塔，雖屬三重塔，但因各層有裳階（一種裝飾性小屋檐），不知其中奧妙的，會誤以為有六重或更高。它的塔身更因大小屋檐相錯，彷彿跳躍的音符，而被一位國際知名的美籍哲學家、美術研究家芬諾羅薩（Fenollosa, E.F.）譽為「冰瑩樂

藥師寺東塔。（達志影像提供）

章」，那飛向空中的律動感，曾感動無數參訪者。

日本因地震頻繁，所建之塔多屬木構，建塔技術則是由中原及朝鮮半島輾轉傳入。漢地原本也多木塔，且佳構無數，根據《洛陽伽藍記》記載，北魏洛陽永寧寺的木塔，應有奈良法隆寺五重塔的十倍大，可惜毀於戰爭。漢地佛塔除了戰亂，又加上木構建築不易維修等理由，所以至今存留下來較有歷史的多是磚塔。提到磚塔，不能不想到玄奘法師所營建的大雁塔，這是仿自印度摩揭陀國帝釋窟山東峰伽藍前的雁塔（石塔），當時因長安附近缺石材而改用磚，但建成後玄奘法師仍取名長安新塔為雁塔。

藥師寺另外一項引人注目的國寶，是日本現存最早的佛足石。從石的側面銘文，可知這佛足石是以印度鹿野苑的佛足石為本，而在天平勝寶五年（七五三年）刻成。佛足石的產生，是因初期佛教不敢直接模擬佛像，所以多以法輪、菩提樹、塔及佛足石等標記來象徵佛。這種風氣傳到中原、日本等地後，佛足石便也成為禮拜對象之一。經典記載，見佛之足蹠而參拜者，如同參拜生身之佛，可滅除無量罪障。

玄奘法師曾帶回佛足圖，但漢地流傳最廣之一的是和玄奘同時代，而稍後於玄奘到印度的大唐使節王玄策所帶回，在華氏城所圖寫的佛足石。華氏城佛足石在玄奘《大唐西域記》也有記載：佛陀入滅前，特至摩揭陀國遺留足跡，「兩跡俱有輪相，十指念帶花文，魚形映起光明時照」，而且「石雖不大眾莫能轉」。後來設賞迦王毀壞佛法，想破壞該石，但「鑿已還平文彩如故」。

寫經與伽藍重建

經過不懈地努力，藥師寺的金堂、西塔、中門等又一一重新與世人見面。一九七六年，一如創建當時樣式的金堂重現；一九八一年，西塔也再現，中心柱下且供養著從健馱羅（註1）請來的佛舍利，東西兩塔新舊對比地重新在西京的天空下聳立。

號稱平成（日本現在的年號）最大木造建築的講堂是二〇〇三年重建。

藥師寺中門二天王像（阿形），身著鎧甲的造形，在日本較為少見。（坂上嵐攝）

引人注意的是，日本人對重建工程的慎重，他們不急功近利，不趕著看到所有成果，一切工程都事先經過嚴密的考證；甚至連已失傳的興建當時的工具都再依文獻仿造出來，務使復建後的藥師寺接近古代原貌，因而施工進度緩慢，許多木工將一生心血貢獻在這裡，然後凋零。

這些重建費用大部分來自從一九六八年起，參加寺內寫經道場舉辦的寫經活動的信眾所供養的「納經料」而來。至今，藥師寺收藏的信徒寫經已超過六百萬卷。北傳比南傳佛教更重視寫經，因為在印刷術尚未發達前，寫經具有弘傳流通的意義，在隋唐時期，此風最為普遍；直到唐末宋初之後，因為印刷術勃興促成藏經開版的流行，寫經風氣才漸衰。

日本方面，從奈良時代起就有寫經，最盛時期則是鑑真和尚所處的天平時代。日本人相信寫經和刻佛像一樣有無量的功德，並可經由手寫淨業，發現清淨菩提心。所以，寫經風氣從一開始，除了官設寫經所外，還有寺院、貴族的寫經所，寫經在日本已是和佛教融為一體、密不可分的傳統，深受日本人重視。現存寫經遺品中，最古老的是敦煌出土的《譬喻經》一卷，也為日人所珍藏。

玄奘法師與藥師寺

藥師寺的信眾，都傳抄哪些經典呢？藥師寺自然傳抄《藥師經》，此外就是《般若波羅蜜多心經》及《唯識三十頌》，後兩者都是玄奘法師所譯。玄奘法師是中日兩國法相宗宗祖，而法相宗是日本八宗、中國佛教十三宗之一。法相宗在唐朝以後，雖有智旭大師等加以重視，仍難挽該宗教勢衰頹；直到民國以後，歐陽竟無居士（一八七二～一九四四年）大倡本宗，創辦支那內學院、法相大學等，始又普獲重視。

但玄奘法師的思想宛如一粒種子，飄洋過海後綻放出花朵，在日本一直有所傳承，藥師寺就是日本法相宗的

藥師寺玄奘三藏院。（坂上嵐攝）

大本山，對玄奘法師甚為尊崇，也因此藥師寺有玄奘三藏院興建之議。一九九一年三藏院落成時，管主（註❷）高田好胤說：「沒有三藏法師的苦難之旅，就沒有絢爛的天平文化存在；而唐文化向日本傳播，是白鳳・天平文化開發的原動力。」

三藏院在格局上，中央配八角堂，正面有禮門，堂外四方有朱柱和青格子窗構成的迴廊，中庭不舖日本慣見的碎石子，而是舖著具有中國風味的石磚。八角堂內還有玄奘法師的木雕及繪殿，繪殿裡有一幅高二公尺、長五十公尺的壁畫，為日本二十世紀最大的壁畫。該壁畫內容主要表現玄奘法師的相關事蹟，被視為「繪身舍利」，在每個月舉行紀念玄奘法師法會時才會開放。

這幅畫係由日本畫家平山郁夫所

繪，一九五九年他以〈佛教傳來圖〉初次出現日本畫壇，當時正值羅馬奧運前夕，而下屆奧運將在東京舉行，他心想：下次聖火傳遞路線，若是能由天山南路開始就好了。這個想法，一直在他的腦海縈繞不去。

平山是在二次大戰中成長的人，對廣島原爆有恐懼後遺症，也使他特別關注求生與存在的問題。天山聖火讓他幻想在灼熱的沙漠裡，一滴水也沒有，隨時可能失去性命的情境；但就在他力盡之前，綠洲景象出現了。他說，自從那沙漠與綠洲的影像發生後，千年前的玄奘法師就活在他的心裡。平山為了使三藏院的畫具有寫實韻味，曾在中國、西域、印度等玄奘走過的道路來回數十次；甚至曾在塔克拉瑪干沙漠中，在白天樹蔭下溫度四十度、陽光下七十度呼吸困難的情況下作畫；也曾在外頭零下二十度、帳篷中零下十四度的樓蘭廢墟中體驗大師的辛勞。

玄奘法師的事蹟，就是這樣在二十世紀末仍撼動著無數人心。懷想當時大唐帝國如日初升，法師不顧禁令向天竺出發，一路經秦州、蘭州、涼州、甘州、肅州、瓜州……，終於到了古稱「流沙河」的莫賀延磧；流沙河的稱呼是因強風吹襲，流沙不時在荒漠上翻滾而舞出有如河海中的巨浪而來。

即使後來的邊塞詩人岑參經過這裡，都寫下：「走馬西來欲到天，辭家見月兩回圓；今夜未知何處宿？平沙莽莽絕人煙。」的句子，為法師當年所面臨的困境下了註腳。那時法師在沙漠中已走了一百多里路，始終沒找到傳說中的野馬泉，所剩下的水也

藥師寺玄奘塔，塔內供養法相宗始祖玄奘三藏舍利。（坂上嵐攝）

因不慎打翻而沒了。法師想：先回頭補充水再說吧！等到往回走了十多里路，才又突然想到當初下定決心西行求法時曾發下重誓：寧可西進而死，絕不東歸求生；於是又折返西方。法師用腳步的方向丈量他求法的堅定毅力……，這就是藥師寺玄奘三藏院玄奘塔匾額上寫著「不東」的由來。

貞觀十九年（六四四年），法師回到中土後不久就開始從事譯經的工作，一直到圓寂的十九年中間，平均每年譯經七十卷，全部的翻譯量更占中國約九百年譯經成果的四分之一，其中又以翻譯唯識學著作的成績最受矚目。

玄奘法師吸引無數佛教菁英投入他的門下，六五三年，兩艘日本遣唐船到達中土，留學僧各到自己希望的寺院去，其中道昭法師選擇追隨玄奘法

藥師寺與樂門。（秦就攝）

師。法師知道道昭是橫渡海洋、不遠千里從日本而來的留學僧，不禁想起自己艱辛的求法往事和他的印度師父戒賢論師。當時戒賢論師年事已高，又患有風疾，但看到玄奘法師後仍專為他連講了十五個月的《瑜伽師地論》。戒賢論師對玄奘諄諄教悔：務將佛法傳到東方；想起這些，玄奘法師就把道昭安置在他附近的僧房，而道昭一待就是八年。

道昭回到日本後宣揚所學，晚年並收了弟子行基，行基曾在日本各地興建佛寺，而被日本人尊為菩薩。往生後的道昭，也是日本第一位用茶毘（火葬）而不用土葬的；影響所及，後來的持統天皇也選擇用火葬，於是火葬在日本逐漸普及。

從道昭對日本天皇及行基法師的感化看來，就可知道他對日人的影響；

而這偉大功績背後的原動力，有很大一部分可說是來自奘大師的影響吧！

玄奘大師頂骨的發現

日本漢詩名集《和漢朗詠集》中，收有白居易詩〈三月三十日題慈恩寺〉：「慈恩春色今朝盡，盡日徘徊倚寺門。惆悵春歸留不得，紫藤花下漸黃昏。」令人想到世事無常，一如春天與好花。篤信佛教的白居易在寫這首詩時，心裡應是想著曾在慈恩寺譯經的玄奘法師吧！

法師為佛教及所有人類留下鉅大的文化遺產後，終於還是離開人世，唐高宗為此哀慟逾恆，罷朝三日。法師的遺骨葬在長安城東的白鹿原，高宗每每登樓遠眺，看到法師葬處就會觸景生情，只得下詔將法師遷葬到郊外的樊川北原，並建塔紀念，這就是今天西安的興教寺和玄奘塔。

一九四二年十二月抗戰期間，南京一支日本部隊的部隊長，為收拾敗象漸生而開始動搖的軍心，預備在南京中華門外的山上，興建日本神道教祈求風調雨順、五穀豐收的稻荷神社。但在整地時卻挖出一付石棺，上面刻著：「大唐三藏大遍覺法師玄奘頂骨，早因黃巢發塔，今長干演化大師可政，於長安傳得，於此葬之……。」等字，消息傳開，知是法師的舍利，曾引起舉世關注。

次年二月，日本將頂骨及所有副葬品交給當時的南京汪精衛政權，汪政權舉行奉迎典禮，並在玄武山上建塔以安奉舍利。後來汪政權分部分舍利給日本，舍利在一九四四年十月抵日。但這時日本軍國主義已到了窮途末路，連首都東京都開始受到美軍的空襲，法師的舍利乃輾轉於寬永寺等地。

埼玉縣岩槻慈恩寺因地勢和長安慈恩寺相似，所以在這裡所建的佛寺也被曾到唐朝留學的日僧圓仁（七九四～八六四年）命名為慈恩寺，法師的舍利最後便決定暫時安放於此。

戰後，因頂骨舍利是汪政權所贈，日本於是向中國政府詢問如何處理；中國政府表示不用歸還，使法師的頂骨留在日本沒有國際法的爭議。但因玄奘法師的偉大貢獻，他的頂骨舍利繼續分散至各地。

首先，在一九五五年十一月由日本佛教協會送還部分法師的舍利給臺灣，先被安放在新竹獅頭山開善寺，一九六四年日月潭畔玄奘寺建成，乃遷之於此。

一九五七年，印度總理尼赫魯訪問中國時，向中國政府提出將一份玄奘頂骨舍利帶回到印度供養的請求，中國便將天津大悲寺的舍利送給印度，供奉在那爛陀寺的玄奘紀念堂。

一九八〇年，岩槻慈恩寺將法師的舍利分部分至奈良藥師寺。一九九八年，在臺灣創辦玄奘大學的了中法師多方奔走下，南京靈谷寺再將一份法師的頂骨舍利送臺灣供養。

二〇〇〇年，為紀念玄奘法師誕生一千四百年，西安大雁塔北側建了一座和藥師寺一樣的玄奘三藏院，並由南京靈谷寺分來法師的舍利供養。此外，在中國尚有少數佛寺也供養著法師的舍利。比較可惜的是，一九六六年文革期間，供奉在北京廣濟寺和廣東六榕寺的兩份法師的舍利被毀。

相較於中國連玄奘法師的舍利被毀，日本慈恩寺及藥師寺的法師舍利

藥師寺大講堂。（坂上嵐攝）

日出遠眺藥師寺。（達志影像提供）

都被妥善保存著；加上日本自古與中土聯繫密切，所以收有大量古抄本和古刻本。玄奘法師波瀾壯闊的一生，自古即受日人重視，因此後來在日本找到一些中國已散失的有關大師書籍，也就不足為奇，其中包括《大唐三藏玄奘法師表啟》、《大唐三藏取經詩話》（註③）等。

又例如玄奘法師的名著《大唐西域記》，因有考古學、語言學、歷史學等包羅萬象的價值，早受日本學界所珍視。一九一一年，京都大學曾出版以韓國新舊《高麗藏》和其他一些古抄本和古刻本校勘而成的《大唐西域記》，是公認的善本。就這樣，玄奘法師不曾被日人遺忘，而且是這樣被重視著。

在薄暮中，依依不捨地離開藥師寺，也想起日月潭畔玄奘寺的法師像，那在夜晚趕路，仍點燈孜孜不倦閱藏的法師身影宛在眼前，並不隨藥師寺前西沉的夕陽而從腦海離開。

註① 健馱羅在今喀什米爾西境，是古時中印通路要道，北傳佛教美術等深受其影響。

註② 管主又稱貫主，在日本是對一宗一派領袖或是對各宗大本山、諸大寺住持的尊稱。

註③ 《大唐三藏玄奘法師表啟》集錄玄奘法師的上表、啟，及唐太宗的敕書等；《大唐三藏取經詩話》，是中國長篇章回小說之祖，一般認為和《西遊記》的產生有關。

海龍王寺

五重小塔貝葉經

海龍王寺是平城京最古老的寺院，原名為角寺、隅寺，據說是因為位於皇后宮東北隅而得名，為何後來改名為海龍王寺？是因住持玄昉之故。此寺以五重小塔聞名，還有保存了一部《海龍王經》，此外，弘法大師在寺中所抄寫的《般若心經》，被稱為《隅寺心經》。

址 奈良市法華寺北町 897
電 0742-33-5765
網 http://www.kairyuouji.jp/temple/index.html

七〇八年，今日的奈良雀屏中選為新首都，建都進行的同時，也開始興建寺院，但新都中原本就已存在一座寺院，即當時稱為「角寺」的海龍王寺。角寺如何變海龍王寺？海龍王寺是奈良最早的寺院？海龍王寺和海龍王有何關係？

平城京最早的寺院

七〇八年（和銅元年），日本第四位女皇元明天皇頒下遷都平城京（奈良）的詔書，剛好這時武藏國秩父郡獻上無需精鍊的自然銅，遷都需要經費，朝廷大喜過望，不但改元為和銅，同時仿唐帝國的開元通寶，鑄造日本最早流通的貨幣——和同開寶（註❶）。

七一〇年，正式遷都奈良，參觀者自全國各地湧入，而令參觀者驚訝的應屬林立的寺院堂塔。新京的寺院有幾種不同型態，除了以鎮護國家為目的，而由國家創立的寺院外，還有七世紀後半葉在全日本興起，以祈求氏族安泰為目的，由氏族長者興建的寺院，如興福寺。此外，寺院同時也是學問僧鑽研學問的地方，故寺院既是一般民眾的信仰中心，也是學術中心。

但在新京落成前，似乎就有寺院存在，今日的海龍王寺即當時角寺，考古挖掘後發現其境內有飛鳥時代到奈良時代前期的古瓦。新京平城京的道路是棋盤狀整齊的條坊，貫穿平城京南北的道路東二

海龍王寺本堂。（坂上嵐攝）

坊大路，也避開海龍王寺境內稍稍往東，應是該地先有其他設施，後來才開路。

海龍王寺在古文獻如《續日本紀》、正倉院文書等奈良時代的紀錄中，稱為「隅寺」、「隅院」「角寺」、「角院」等。東大寺正倉院寶庫保管的古文書群——《正倉院文書》中，確認天平八年（七三六年）有「隅院」存在。

「隅寺」之稱，據說是因位於皇后宮（藤原不比等邸跡）東北隅而得名（註❷）；相傳寺名會改為海龍王寺，與初代住持玄昉的遭遇有關。七一七年，玄昉以學問僧之名和遣唐使一起入唐，從智周學法相，在唐達十八年，其間唐玄宗認可其才能，賜他相當於三品位階的紫袈裟。

約在七三五年，玄昉攜經論五千卷，隨遣唐使回日本，但途中遇暴風雨，於是他一心誦《海龍王經》而得救，故隅寺應是因為玄昉的遭遇而改名，但何時開始使用此寺號則未有定論，寺方的說明牌則指出是光明皇后所改。傳說以前遣唐使入唐前都會來此寺祈求渡海平安，時至今日，仍常有要出國留學或旅行的人到此寺參拜。

鎌倉時代，真言律宗的宗祖叡尊在一二三六至一二三八年駐錫在此，並復興此寺，此後曾有多名海龍王寺的僧侶成為西大寺的長老，至今仍是真言律宗的重要寺院。

西金堂與五重小塔

奈良時代的海龍王寺規模雖小，但有中金堂、東金堂、西金堂等三金堂。迴廊由中門左右伸展成方形，將

現存的海龍王寺西金堂，其位置、規模從奈良時代以來一直未變。（坂上嵐攝）

伽藍主要部分圍起來，一直圍到中金堂的左右，迴廊裡東金堂和西金堂相對而建。

三金堂中，現存西金堂（重文）的位置、規模等和奈良時代一樣，是一極簡素的切妻造（註❸）、本瓦葺、正面三間（註❹）、側面二間的佛堂建築。鎌倉時代曾進行大修理，將主要建築架構換成當時的建材，而奈良時代的舊建材則未使用在原先位置，而是轉用到堂內其他部分。

西金堂內置五重小塔（國寶，天平時代前期），曾長期寄放於奈良國立博物館，現在又回到西金堂，含相輪（註❺）高四點〇一公尺（不含相輪則高二點八五公尺），有趣的是此塔是以「建造物」被指定為國寶，而不是工藝品。附屬於此國寶的，還有放於木箱的《法華經》兩卷和兩個垂木（註❻）木口金物。

奈良元興寺（極樂坊）的五重小塔完全未省略內部構造，和屋外塔的建造方式完全一樣，將一個個縮小版的建材組合而成。而海龍王寺的小塔則是用箱狀的構造物堆累而成，細部建材則像是裝飾品般，由外側貼上去，但此塔比元興寺的小塔歷史還要悠久，建於八世紀前半，細部樣式和藥師寺的三重塔類似，因少有例子遺存，是得知道奈良時代建築樣式的重要參考。

後世的塔，四十五度出跳的斗拱中，與相鄰的斗拱是以肘木（拱）連結，而此小塔並未這麼做，後世的建築四角的斗拱稱為鬼斗，一般用凹弧狀的斗，而此小塔的四個角落卻使用一般的斗，凡此均顯示當時和後代造塔工法的差異。

五重小塔的第一層無門無壁，第一層和第二層之間有格天井，此外沒有任何設備，當初建造用途不明，前

上 / 海龍王寺五重小塔（國寶）記錄了奈良時代前期的建築風格。（秦就攝）

下 / 五重小塔說明文。（坂上嵐攝）

述放兩卷《法華經》的木箱雖置於塔內，但卻屬於鎌倉時代。此塔雖小卻不是「模型」，而是正式的「塔」，故也有西金堂是其覆屋的說法。塔剎則是一九〇六年補做。

被列為奈良市文化財的海龍王寺表門。（秦就攝）

中金堂的舊地，江戶時代則重建成本堂（奈良市指定文化財，簡稱市文），東金堂毀於明治時代初期，之後未再重建。經藏（重文）為寄棟造、本瓦葺的小建築，相傳是鎌倉時代西大寺的中興之祖叡尊所建，因叡尊年譜《興正菩薩行實年譜》中，正應元年（一二八八年）記載修造海龍王寺堂宇，新建經藏。

表門附有築地塀（市文），表門是一四腳門，切妻造、本瓦葺，為室町時代所建，保有日本中世建築樣式。塀為圍欄、圍牆之意，築地塀是用土夯成，自古日本的貴族邸宅、寺院、官舍均可見。

海龍王經與貝葉經

海龍王寺的本尊是鎌倉時代所造的木造十一面觀音立像（重文），另有木造文殊菩薩立像也是鎌倉時代作品。其他寺寶現多寄存於奈良國立博物館，包括《海龍王經》（天平時代）及弘法大師請來的貝多羅葉梵文（平安時代）等。

海龍王寺是遣唐使祈求渡海平安的寺院，同時期還盛行在此寺抄寫經文，弘法大師空海也曾在此寫經。（坂上嵐攝）

海龍王寺除了是遣唐使祈求渡海平安的寺院，同時期還盛行在此寺抄寫經文，保存著被認為是光明皇后御筆所書的《自在王菩薩經》，以及弘法大師的《般若心經》（特稱為《隅寺心經》）。

此外，還保存一部《海龍王經》，是佛為海龍王說菩薩之法，且為燕居阿須倫、無焚龍王、女寶錦等分別授記，宣示女人、龍王、阿修羅等皆得成佛的經典。東晉慧遠大師曾誦此經乞雨。

貝多羅葉是古代印度地區以植物的葉子做為筆記媒介，原材料因地域和所生植物的不同而異，主要是棕櫚科的樹葉，佛教經典初期即寫於貝葉上。印度地區以外，西雙版納傣族與東南亞諸國也常見。著名的詩人柳宗元在〈晨詣超師院讀禪經〉寫下：

「汲井漱寒齒，清心拂塵服。閒持貝葉書，步出東齋讀。」白居易的〈和李澧州題韋開州經藏詩〉更富禪意，說：「既悟蓮花藏，須遺貝葉書。菩提無處所，文字本空虛。觀指非知月，忘筌是得魚。聞君登彼岸，捨筏復何如？」故知貝葉經在唐代漢地還常見到，因此弘法大師也得以請貝葉經回日本。

到海龍王寺坐JR大和路線及近鐵都無法直接到達，需坐奈良交通バス（奈良交通巴士）在法華寺站下車。

註❶ 該幣上書為「和同開珎」，但「珎」字一說是「寶」的異體字，乃「寶」之簡寫，日本之後鑄造的錢均使用「寶」字，故此說為主流，另一說「珎」是「珍」的異體字。此二說自江戶時代以來爭論不休，近年以「珍」說占優勢。又此幣雖仿唐開元通寶，字體也相同，但開元通寶幣上四字讀法順序是上下右左，而和同開珎的順序卻是上右下左，故連現行讀法正確否也有疑問。當時日本是以物易物為主，米、布是交易大宗，故和同幣流通範圍以畿內周邊為主，但渤海國也曾發現此幣。

註❷ 也有主張是因位於「平城京東北隅」，但就相對位置關係而言，似乎並不妥當。

註❸ 即為懸山頂，建築物主要入口位置，設置於屋坡面（即山牆的左右側）稱為「平入」，海龍王寺西金堂為平入。

註❹ 「間」非長度單位，而是用以表柱間數的建築用語。

註❺ 即「塔剎」，塔之平頭上所立之輪盤形建築物，又作盤蓋、輪台、相輪、露槃。

註❻ 屋簷底下的構造叫垂木，形狀有方有圓，日本的垂木方形是主流，占大多數，韓國似乎喜歡方圓並用。

法華寺

唐風呂現阿閦佛

法華寺，是光明皇后將宮殿捐出為寺，
原是天平時代的總國分尼寺，
與光明皇后有很深的因緣。
其中唐風呂的傳說，是光明皇后親為癩病病人擦澡，
原來這癩病病人為阿閦佛所化身，考驗光明皇后是否真具慈悲心。

址 奈良市法華寺町882
電 0742-33-2261
網 http://www.hokkeji-nara.jp/

八世紀中葉的天平時代——一個敞開日本大門，大量吸收異國文化的時代，七四一年（天平十三年）聖武天皇為了鎮護國家，下令各國建立國分寺，東大寺即總國分寺。不僅有總國分寺，還有總國分尼寺，即今日法華寺。

捨自家宮殿成為寺院，多才多藝又無限慈悲，被認為是天平時代女性美化身的光明皇后，和法華寺有極深淵源……。

從皇后宮殿成為總國分尼寺

一聽到法華寺，便會讓人聯想到與

法華寺本堂為一六〇一年重建，為寄棟造本瓦葺建築，是重要文化財。（秦就攝）

日本光明皇后有很深因緣的門跡尼寺（註❶）。

以奈良為首都的天平時代，東大寺是全日本的總國分寺，而法華寺則是總國分尼寺，詳名為法華滅罪之寺。

根據以漢文表記的奈良時代史書《續日本紀》的記載，公卿藤原不比等的宅邸在他歿後，由女兒光明子繼承，光明子即光明皇后，於是宅邸變成皇后宮殿。七四五年，皇后捨殿為寺，這便是法華寺之始。

七四一年，日本聖武天皇仿唐玄宗下詔天下諸郡造立開元寺的構想，下詔建國分寺、國分尼寺，僧寺名「金光明四天王護國之寺」，尼寺名「法華滅罪之寺」，前者通稱國分寺，後者通稱國分尼寺。

因國分寺、國分尼寺多位在各地首府，現今被發掘出的遺址，或僅存地名或被視為史蹟的，幾乎達到當年總數的一半。至於法華寺的挖掘調查結果顯示，奈良時代的法華寺，境內和平城宮相接，位於東宮東邊。創建時的金堂和講堂位於現在法華寺南門更南之處，金堂之南有中門，其南更有東、西兩塔。

唐風呂和光明皇后的故事

法華寺在遷都平安京（今京都）後漸次衰微，於平安時代末期荒廢。

今日的本堂、鐘樓、南門都是在一六〇一年起重建，本堂（重文）為寄棟造、本瓦葺；正面七間、側面四間，堂內供養的是本尊十一面觀音像。鐘樓（重文），原是雙層建築，鐘吊在上層，是所謂「袴腰付」鐘樓，但上層沒有外廊和高欄，為稀有形式。南門（重文）為切妻造、本瓦

法華寺鐘樓。（坂上嵐攝）

葺的四腳門。客殿位於本堂後方，書院造（註❷）建築。

但法華寺的伽藍中，最引人注意的卻是兩棟小建築，一是唐風呂，一是橫笛堂。

風呂是日文澡堂、浴室的意思，法華寺的唐風呂位於東邊的庭園中，三間四方，內部中央又有離地三尺、住家外形的木結構蒸氣室，從外面看像是浴室中還有浴室，進蒸氣室須先爬三、四級的木梯，方可屈身進入狹窄的入口，蒸氣室不大，至多五、六人就會顯得局促，據說在光明皇后時代的蒸氣浴室就已是這種樣式。法華寺現存的唐風呂重建於一七六六年，指定為民俗文化財。

古人已知蒸氣浴具有療效，因此如果能讓一般民眾免費使用蒸氣浴，就像經營一間小小的慈善醫院，以慈悲為願心的光明皇后，於是決定建立唐風呂給因鑄造大佛和建立大佛殿時罹病的工匠、壯丁們，施以「湯治」。根據《元亨釋書》的記載，光明皇后在東大寺完成後，產生慢心，某夜聽到空中有聲音勸她施浴，於是她便發願建立一浴室，並發下豪語：「我親去千人之垢。」

雖然皇后身邊人馬立刻諫止，卻沒法改變皇后的決心，她總共親自洗

法華寺唐風呂有感人的光明皇后傳說，光明皇后是天平時代慈悲女性的化身。（秦就攝）

去了九九九人身上的污垢，差一人就滿千人時，發現這第一千人是個全身膿瘡的癩病（即痲瘋病、漢生病）患者；此時浴室內臭氣沖天，連光明皇后也躊躇不前了。最後，她還是抬起玉手，刷洗病人背部，沒想到病人得寸進尺，說：「我患有惡病，長時間為此瘡所苦，有名良醫說，如果有人願意為我吸膿，這樣我的病就可痊癒，但世間終究沒有如此慈悲的人，病情也就逐漸變重。皇后是個慈悲的人，請救救我吧！」

光明皇后雖說是天平時代美善的化身，但以唇吸癩病病人的肌膚，終究令人無法忍受，可不這麼做的話，到現在所行善舉，便顯得不過是場騙局罷了。如果只是因為骯髒而不施浴，那麼一開始就不該有此舉！皇后不得已用自己的唇吸出癩病患者膿血，由肩至胸，自胸至腰，再從腰到腳……。

這時病人身體突然大放光明，原本醜惡的病容一變而為相好莊嚴，並開口說：「你為阿閦佛洗卻全身污垢。」

儘管這是一則感人的故事，不過，《元亨釋書》作者虎關師鍊（註③）批評此一傳說，表示興建唐風呂是好事，但流垢吸膿之說是畫蛇添足，即使不做這些事，只要有堅定信心，顛沛間也可見阿閦佛。但這則有關光明皇后的故事流傳甚廣，所以日本國立漢生病療養院便以「邑久光明園」命名。

橫笛堂的愛情悲劇

原位於出南門後左側位置，現移建於赤門東側的橫笛堂，也有個源於《平家物語》，流傳久遠的故事，明治時代知名評論家高山樗牛據此改編為小說《瀧口入道》，時至今日仍是日本人熟悉的悲劇故事。

故事發生在平家全盛的時代，當時的掌權者名叫平清盛。某日平清盛舉行賞花宴，他兒子平重盛的部下齊藤時賴也參加了這宴會。為了助興，當日宴會還請來名叫橫笛的女子跳舞，時賴對橫笛一見傾心，當夜反覆思念，無法成眠。時賴覺得有必要將自己的愛意傳達給橫笛，於是寫信一封給心上人，但向橫笛表達情意的男子無數，她直覺以為時賴也是無聊男子，誰知閱信後，卻深深被信中洋溢的熱情吸引、打動。

此後事情發展卻急轉直下，時賴的父親堅決反對這樁身分不對等的婚事。心靈受創的時賴，在事先未告知橫笛的情況下，化名「瀧口入道」入嵯峨往生院，決定以出家切斷對橫笛的感情。

得知此事的橫笛，到四處尋找時賴。一天黃昏，她在嵯峨聽到時賴念誦聲得以重見他，但此時他卻流著眼淚，對歷盡千辛萬苦，一心尋他的橫笛說：「見面只會妨礙修行！」便轉身回寺了。

身心俱受打擊的橫笛在回途中，自削其指，在石頭上以血寫下自己所思所感。但此時的瀧口入道想的卻是：「橫笛若今後再來，只會妨害我的修行。」於是移居限制女人進入的高野山靜淨院。橫笛得知此事，萬念俱灰，也在法華寺出家。

不久，橫笛香消玉殞，瀧口入道聽到橫笛死訊，深感人世情愛求不得、愛別離的無奈，有如火宅煎熬，便更加精進修行，終於成為高野山大圓院第八代住持。嵯峨往生院如今改名瀧口寺，也源於這段故事。

至於成為尼僧的橫笛，所住的地方即今日法華寺橫笛堂，該堂之中原有傳說是橫笛本人用廢信紙所畫的自畫像（高約三十公分），但現在已移置本堂。

該寺值得參訪的遺址構築，還不只這些地方。七五九年起，為祈求光明皇太后冥福，開始在法華寺西南方建立以丈六阿彌陀三尊像為本尊的阿彌陀淨土院，該寺院今已不存，但由法華寺境內和阿彌陀淨土院跡組成的法華寺舊境內，如今是日本國指定史蹟，而從該院舊蹟挖掘出土，擁有水池的淨土式庭園遺蹟，被認為是全日本此類庭園中歷史最悠久的。屬於江戶時代前期，由前庭、內庭、主庭所

法華寺庭園是日本國指定的名勝。（坂上嵐攝）

構成的法華寺庭園則是日本國指定名勝。

本尊十一面觀音像

供奉於本堂內、高一公尺，只在春秋特定日子公開的十一面觀音像（國寶），是本堂本尊。菩薩雕像保存狀況良好，是平安時代雕刻的代表性作品之一。製作完成當時即未施色彩、金箔的素木像，僅在髮、眉、鬚、唇、眼等地方上色，及在頭冠和腕釧等處使用銅板，雕像其他部位的木頭紋理仍清楚可見。

典型的十一面觀音像多用白檀刻成，但日本不產白檀，所以這尊木造雕像便以榧子樹取代。和其他天平時代的觀音像一樣，不取直立的姿勢；本像則將重心置於左腳，右足第一指稍稍翹起，表現要踏出去的那一瞬奈良著名的三尊觀音菩薩：法華寺十一面觀世音菩薩立像（中）、不退寺聖觀世音菩薩立像（左）、海龍王寺十一面觀世音菩薩（右）。（秦就翻攝）

間，加上飄揚的天衣，便產生一種獨特律動感。雕像的右臂刻得極長，主要在表現三十二相八十種好中的「正立手摩膝相」。由本像的容貌表現、胸部與大腿比例來看，顯然強調了女性之美，這在當時是頗為罕見的，因當時的觀音像多是男相。另外，現有雕像的光背裡有未開的蓮和葉（一九〇五年補作，但原作即如此呈現），是少見的作例。

七二九年，聖武天皇封光明子為后，即光明皇后，這使她成為王族以外被立為后，與藤原氏子女成為皇后的首例。光明皇后多才多藝，是奈良時代著名的書法家，和聖武天皇齊名，著名作品之一是臨摹自王羲之作品的《樂毅論》，該作她自署藤三娘，筆力雄健，渾然不似出於女子之手。和歌《萬葉集》中也存有四首她的作品。

光明皇后對日本文化的影響既深且遠，曾向天皇進言建東大寺、國分寺，而興福寺、法華寺、新藥師寺等寺院的創立與整建，她也都曾參與其中。聖武天皇駕崩後四十九日，皇后將他的遺物捐贈東大寺，為保存這些寶物而建的正倉院，如今是世界文化遺產。又曾設置立醫療機構「施藥院」，且為布施貧人而設「悲田院」，種種作為都和她篤信佛教有關。

法華寺在叡尊的時代，即成為真言律宗的門跡寺院。一九九九年，法華寺自真言律宗獨立，自成一宗，因光明皇后和法華寺的因緣，故名為「光明宗」。二〇一〇年法華寺還特地舉行開祖光明皇后一二五〇年大遠忌法會。

註❶ 門跡寺院是由皇族、貴族的子女等任住持的寺院。

註❷ 在一棟住宅的房間擇其一間，做坡屋書房並進行裝飾，以適應僧人與武士的生活方式，其室內地板稍高於其他房間，並有香爐、燭台、花瓶成對的陳設。

註❸ 虎關師鍊的事蹟，請參照《禪味京都》的東福寺。

飛鳥寺

岡寺

長谷寺

奈良

飛鳥・藤原地區

飛鳥寺

最早佛寺安居院

飛鳥寺是日本最早建成的寺院，原稱鳥形山安居院，屬真言宗豐山派。飛鳥寺的本尊釋迦如來坐像高二七五點二公分，通稱飛鳥大佛。飛鳥大佛由鞍作止利製作，受北魏佛像的影響，有著明顯的衣紋、杏仁眼，以及所謂的古式微笑，即嘴角微揚，笑容莊嚴典雅。

址 奈良縣高市郡明日香村飛鳥 682
電 0744-54-2126
網 http://www.shin-saigoku.jp/temple/12_asukadera_01.html

飛鳥寺雖非當年舊蹟，但仍能引發參訪者的思古之幽情。（達志影像提供）

我從近鐵奈良站，坐近鐵的電車到西大寺站換橿原線到橿原神宮前，再換巴士坐到岡寺時，中間先經過飛鳥大佛站，由於道路彎曲，感覺岡寺和飛鳥寺距離頗遠。

從岡寺下山後，巴士剛經過不久，鄉下地方車班少，下一班車要一個小時後才會來，因中午還未用餐，所以決定到車站牌旁的商店買東西果腹，也順道問店裡老婆婆，是否有可能徒步到飛鳥寺？沒想到老婆婆答說，從店前馬路一直前行，十五分鐘應該可抵達。於是我大喜過望，直奔飛鳥寺而去。

現在的飛鳥寺山號鳥形山，正式名稱為鳥形山安居院，屬真言宗豐山派。寺域不大，但卻是日本佛教史上不可不提的一座寺院。

由古墳到律令制

奈良盆地的東南部有一地區稱作「飛鳥」。現在的飛鳥地區指的是從明日香村東部到橿原市、櫻井市、高取町等部分，但在七、八世紀時則是指從飛鳥川流域的香具川到橘寺、岡寺間的狹窄區域。

這裡曾是日本的都城，日本從古墳時代（註❶）蛻變成律令國家，也是從飛鳥地區開始。

由現存日本各地的古墳可以推知，日本到了古墳時代，國家已具規模，所以才能建造許多規模宏大的古墳。而律令制則是國家體制的進一步發展，這一體制是受到古代中國的影響。

古中國有所謂「普天之下，莫非王土；率土之濱，莫非王臣」的思想，

飛鳥寺後門可清楚看到「飛鳥寺、安居院」的字樣。（童淑蔭攝）

也就是土地和百姓都由帝王支配的體制，而這種王土王民思想的具體作為，則體現於「律令制」中。

律令制中的百姓可由國家獲得耕地，而國家則對百姓課以租稅、勞役、兵役等。隋文帝頒布了《開皇律令》、隋煬帝有《大業律令》，唐高祖則在《開皇律令》的基礎上頒行《武德律令》。

日本的律令制則從七世紀後期（飛鳥時代後期）實行到十世紀左右。六四六年，孝德天皇和中大兄皇子所推行的「大化革新」，明顯受到唐律令制的影響。

日本最早建造的寺院

佛教雖早在五三八年就由百濟（註❷）傳至日本，但佛教在日本的傳播並不是一開始就順利，蘇我氏和物部氏兩大氏族之間就為是該崇佛或排佛而爭論不休，甚至演變為長期的戰爭。

根據《日本書紀》，飛鳥寺是蘇我馬子在戰勝物部氏後所建，可算是蘇我氏的氏寺。

但《元興寺緣起》（註3）則記載，五八七年（用明天皇二年），百濟客看到日本只有尼寺，於是建言應建法師寺（當時日本有到百濟留學的善信尼等比丘尼，而尚未有正式的比丘）。於是用明天皇乃命後來的推古天皇，以及聖德太子檢討是否有建寺的可能。

不管建寺緣起為何，到了五八八年，有百濟的寺工與露盤博士（註4）、瓦博士來到日本，正式的佛寺終於得以著手興建。

五九六年，寺院落成，這一伽藍是以五重塔為中心，三面有中金堂、東金堂、西金堂圍繞的一塔三金堂式伽藍，這和高句麗的清岩里廢寺同一形式，由此可知受到朝鮮半島佛寺的明顯影響。因為配置特異，在學術界也有稱這種伽藍配置為「飛鳥寺式伽藍配置」。

雖然歷經大化革新、蘇我氏宗家滅亡，這一寺院仍香火興盛，在天武天皇的時代，並和大官大寺（大安寺）、川原寺、藥師寺並列為「四大寺」，且受到朝廷的保護。

隨著遷都平城，飛鳥寺也遷往新都，成為元興寺，但原本位於飛鳥的寺院並未廢棄，仍以「本元興寺」之名和新寺並存。

衰微再起的飛鳥寺

一一九六年，原飛鳥寺伽藍毀於雷

飛鳥寺和古代朝鮮半島的關係很深，為紀念建寺一千四百年，而立此一百濟樣式的五重石塔。（達志影像提供）

擊，唯一留下的丈六釋迦像，長期置於僅能供遮風避雨的小小茅屋之中，江戶時代的學者本居宣長所著的《菅笠日記》記載，他在一七七二年所見的飛鳥寺，甚至是連門都沒有。

如今的本堂是一八二五年重建，屬江戶末期的建築，規模不大，已看不出在創建當時曾有的宏偉外觀。

不過，挖掘調查的結果顯示，現在飛鳥寺本堂所在的位置正是蘇我馬子

飛鳥大佛標石用的是飛鳥寺創建時的礎石。（秦就攝）

所建的法興寺中金堂的位置上，並且本尊釋迦如來像的下面，還保留著創建當初寺安置佛像的石壇，可知佛像也安置在於飛鳥時代同一地點上。據《日本書紀》記載，法興寺的剎柱礎中有佛舍利，一九五七年的挖掘調查也果真確認有舍利容器埋藏其中，該書對本寺記載的真實性也獲得證實。

飛鳥寺雖然已非當年舊蹟，部分空間且做為展示考古挖掘的場地，但看到這些珍貴的調查結果，卻能使參訪者在參觀此寺後，油然發思古之幽情。

微笑的大佛

位於本堂的本尊釋迦如來坐像（重文），是日本最早的丈六銅製佛像。據《日本書紀》記載，是在六〇五年時，由推古天皇命鞍作止利所建造，並在六〇九年完成。

飛鳥大佛在六〇九年開眼，至今已過了一千四百個年頭。（秦就攝）

鞍作止利也寫成鞍作鳥，是外來移民的後裔，代表作品除了這尊坐像，還有法隆寺金堂本尊銅造釋迦三尊像（國寶）。

鞍作止利所製作的佛像擁有獨特風格，人稱「止利式」。主要受北魏佛像的影響，有著明顯衣紋、杏仁眼，以及所謂的古式微笑（archaic smile）。

古式微笑莊嚴典雅，是古希臘古風時期（約公元前六〇〇~四八〇年）的人物雕刻所獨有，後來不管羅馬時期、文藝復興時期的作品，基本上都不再微笑了，而中國六朝時代與日本的飛鳥時代的佛像卻保留此一特徵。

飛鳥寺的本尊釋迦如來坐像高二七五點二公分，通稱飛鳥大佛，現在的飛鳥寺參道入口有「飛鳥大佛」石碑，是一七九二年所立，可知當時已有此一稱呼。

雖然佛像因一一九六年的雷擊火災而受損嚴重，僅頭部的上半部、左耳、手指的一部分屬於原像，其餘都是後來修補而成的，但修補復原時，下垂的兩襟及在胸前打結的服裝，都可見修補時的佛師，為保持飛鳥時代的大佛風格所下的苦心。

雖然歲月、天災使飛鳥寺不可復見初建時的面貌，但仍可感受到寺方對大佛與其他文物在保存方下所做的努力。聽到我從臺灣來，他們便立刻拿出正體字版的寺院簡介給我，令我驚喜、感動。

曾是古代都城的飛鳥地區，如今是個平疇廣闊、阡陌縱橫的鄉村地帶，許多遊客特別來這裡租借腳踏車，騎車穿梭在日本歷史的前世今生之中。我因錯過車班，而行走其間，同樣感覺神清氣爽、心曠神怡，相信不管對日本古史有興趣或單純只想漫步散心的旅客，只要大膽對飛鳥地區來一次徜徉、探訪，都能在心靈與知識上滿載而歸。

註❶ 又稱大和時代，公元四世紀中期，大和政權統一了割據的小國；隨著國家的統一，以前方後圓墳為代表的古墳擴展到各地。直到七世紀，聖德太子致力於政治革新，並以「大化改新」為契機，建立以天皇為中心的中央集權國家，古墳時代宣告結束。

註❷ 當時朝鮮半島上的國家。

註❸ 七四七年寫成，元興寺即飛鳥寺，此外還有法興寺的稱呼。

註❹ 露盤博士指善於製作露盤之人。露盤為「承露盤」的略稱，又作盤蓋、輪台、相輪、露槃。

岡寺

泥塑大佛龍蓋池

西國第七札所岡寺位於有「日本心的故鄉」的明日香村，可是岡寺為何又名龍蓋寺？與義淵僧正降惡龍有關嗎？
岡寺還以泥塑的如意輪觀音聞名，
此觀音又名除厄觀音，還是日本三大佛之一，
除了觀音外，還有許多重要寺寶，如仁王門、梵鐘，等你來尋寶！

奈良縣的明日香村，地面上田野風光明媚，滿眼碧綠，散步踏青或騎腳踏車漫遊其間，均令人心情舒暢。但地底下的明日香村為何會被稱為埋藏文化財的寶庫？這樣的地方又為何會出現日本三大佛（註❶）之一？

岡寺正是擁有大佛，並見證明日香村歷史變遷的一座寺院。到岡寺參訪，最方便的方法是坐近鐵的電車在橿原神宮前下車，再換乘奈良交通巴士或租乘腳踏車都可到達，後者可徜徉在古都原野上，是值得考慮的愜意

址 奈良縣高市郡明日香村岡 806
電 0744-54-2007
網 http://www4.kcn.ne.jp/~balance/

選擇。

岡宮舊跡上所建的龍蓋寺

明日香村是位於奈良縣中央位置的村莊，也是促使日本成為中央集權律令國家的誕生地，已挖掘出許多飛鳥時代的宮殿和史跡，號稱是「日本心的故鄉」，也是日本唯一全村受《古都保存法》保護的自治體。

向山腰蜿蜒而上的狹窄參道兩旁只有幾戶人家，午後顯得異常安靜，參道盡頭即是山號東光山、日本國指定史蹟的岡寺。岡寺的開基祖師傳說是義淵僧正，據醍醐寺本的《諸寺緣起集》所收〈龍門寺緣起〉，記載龍蓋、龍門兩寺是義淵僧正為求「國家隆泰、藤氏榮昌」而建。

義淵僧正似乎是一個孤兒，但幸運的是，小時候就被當時的天皇帶回宮中，和草壁皇子一同成長，後來他在元興寺出家，修唯識、法相。草壁皇子在二十七歲便離世，義淵便在皇子所住的岡宮舊地上創建岡寺。

義淵僧正是位高僧，共創建龍蓋、龍門、龍福、龍泉、龍象等五龍寺，龍蓋寺即岡寺的另一名稱。他同時培育出行基、玄昉、良辨、道慈、道鏡等活躍於奈良時代初期的法門龍象，其中道鏡後來也曾是岡寺的住持，在他們的努力下，此寺曾興隆一時。

岡寺現屬真言宗豐山派寺院，但因義淵僧正是日本法相宗之祖，其門下

明日香村的田園風景。（達志影像提供）

位於本堂前的龍蓋池。傳說義淵僧正曾施法將惡龍封於此池中。（秦就攝）

有和創建東大寺相關的良辨和行基等人，故到江戶時代為止，都屬法相宗興福寺末寺。江戶時代以後才成為真言宗豐山派長谷寺的末寺。但興福寺南圓堂、長谷寺也都是西國札所（註❷），所以和兩寺至今都保持著密切的關係。

見證歷史的文化財

岡寺，有「岡寺」和「龍蓋寺」兩個寺號；岡寺是因地點而得名，仁王門前的石柱上寫的字是「西國七番靈場岡寺」，而宗教法人登錄名也是「岡寺」，故通常以「岡寺」稱之。另一寺名「龍蓋寺」源於義淵僧正曾在此施法，將破壞農地的惡龍封於寺池之中，該池即位於本堂的龍蓋池，據說至今當地農民仍相信只要搖一下池中那顆相當於蓋的石頭，就能使旱魃為虐的荒年即時降下甘霖。

境內計有仁王門（重文）、本堂、開山堂、樓門、鐘樓堂（和本堂同時期重建）、書院（重文）、石塔、三重塔、彌勒堂、龍蓋池、稻荷社、義淵僧正廟、大師堂、納骨塔、佛足石等。

本堂（奈良縣指定文化財，簡稱縣文）供養安置塑造如意輪觀音坐像，由棟札可知是在一八〇五年上梁，到完成為止，共花了三十年以上，寺中的主要法會如「開運除厄護摩供大般若法會」等都在此舉行。

明日香村的建築物中，指定為重要文化財的只有岡寺的仁王門和書院。仁王門建於一六一二年，正面兩旁安置仁王像，四個角落各安放阿獅子、吽獅子、龍、虎，是非常少見的型態。書院一般不公開，是奈良縣裡少數的書院建築。

鐘樓堂建立年代不明，梵鐘上刻有文化五年（一八〇八年）的字樣，推測是和本堂同一時期重建的。令人好奇的是梵鐘的中央有七個洞，原來這是二次大戰期間日本政府準備徵收該鐘，乃對鐘的材質預先調查所鑿出的洞。當時的法律規定食糧、物資可由政府向民間以一定價格強制收買，後來此鐘卻僥倖躲過此劫，才使明日香村到現在都還能聽到古鐘的悅耳音色。

此外，境內有三千株石楠花（杜鵑的一種，長序杜鵑亞組）每年四月中旬到五月日本黃金週假期，正是此花的盛開時節，從仁王門（重文）周邊、沿著通往本堂的石階到本堂周邊，都沐浴在粉紅色的花海之中，而岡寺的奧之院參道，更素有「石楠花

上 / 西國第七札所岡寺的仁王門（重文）。（秦就攝）

下 / 岡寺本堂是奈良縣的指定文化財。（秦就攝）

透過須彌壇的門窗所見的日本三大佛之一，岡寺本尊二臂如意輪觀音。（秦就攝）

道」之稱。

泥塑與銅塑如意輪觀音

岡寺以奈良時代末期所製作的如意輪觀音座像（重文）為本尊，像高四點八五公尺，不但是如意輪觀音最早的遺留品，還是日本最大的泥塑像。

根據寺傳，此像是弘法大師空海以日本、中國、印度三國泥土所塑，因弘法大師所學的法相學是義淵僧正一脈相承的，感念僧正高德，大師乃塑此大佛像。今日所見塑像的頭部是當時殘存，體部有多處補修，包括塑像白毫的金色、眼珠的黑色都是近代所補，只有嘴唇的朱色是製作完成至今未加修補過的。

隨著平安時代以後傳入密教，如意輪觀音像的造形以六臂的半跏趺思惟像為多，但岡寺本尊卻是右手結施無畏印，左手結與願印，和石山寺的本尊一樣是兩臂像。腳部原本也和石山寺本尊像一樣是半跏姿，現狀則是結跏趺坐的姿勢，由於同樣外形的如意輪觀音很少見，此像也就顯得分外珍貴。從外頭透過須彌壇的門窗仰望塑像，灰白色的丈六佛像看起來仍然相當莊嚴，能使人們的畏怖恐懼瞬間消失。

鎌倉初期，相傳是內大臣中山忠親所作的歷史小說《水鏡》，已指出岡寺是日本最早的除厄靈場，並以「除厄觀音」稱呼本尊如意輪觀世音菩薩，因此自古以來信徒眾多，香火不絕，故而列為西國三十三所觀音靈場的第七札所。

屬於岡寺、現寄展於京都國立博物館的銅造如意輪觀世音菩薩半跏思惟像（重文，奈良時代），相傳是由唐佛像雕刻師稽首勳所造，據說他在日本時曾遇災難，於是逃入岡寺的杉林中躲避，同時開始打造一搩手半（註③）像，並一心祈求，故終能倖免於難。一搩手半是造佛尺寸，長一尺三寸（約三十一點五公分），即自母體的肘節至腕節的長度，佛像長度乃取胎內等身的意思，而此像三十一點二公分，相差不到三毫米，令人訝異。稽首勳將該像進獻孝謙天皇，並建堂供養；落成時，孝謙天皇更行幸該堂。

另外，相傳稽首勳的父親即造另一大佛——長谷寺本尊十一面觀世音菩薩的佛師稽文會。泥塑大佛完成後，此像就被放入大佛胎內，直至近代才取出，寄展於京都的博物館。

除兩尊本尊外，此寺還有木心乾漆義淵僧正坐像（國寶），是奈良時代作品，由眼角下垂，臉部有多重皺紋，以及突出的肋骨等表現手法，可知是一寫實作品，現保存於奈良國立博物館。另一重要寺寶是原本岡本宮的腰瓦天人浮刻磚（重文）。

站在岡寺的三重塔，明日香村就在腳下，沒有「振衣千仞岡，濯足萬里流」的想法，倒是回望本堂時，忽然想到堂中的泥菩薩已靜靜端坐千年。午後清風徐來，野草、梯田隨風搖擺，或許只有最低最低的蘚苔不為微風，不為世情所動。原來岡寺的御詠歌自有其深意：今朝岡寺庭園蘚苔上的露珠，宛如綻放著琉璃的光芒。

註❶ 這裡所指的三大佛是就材料言，銅造最大是東大寺盧舍那佛（奈良大佛）、木造最大是長谷寺十一面觀世音菩薩、塑像最大即岡寺泥塑如意輪觀音。

註❷ 位於近畿二府四縣，即京都府、大阪府、滋賀縣、兵庫縣、奈良縣、和歌山縣和岐阜縣的三十三處觀音靈場（寺院），也稱西國三十三所。

註❸ 人在母胎之時，至第二十七日，人相皆備。以手推面，蹲踞而坐。其時身體之長，與母之一搩手半齊等故也。

長谷寺

花開時節動京城

長谷寺多彩的四季山色，
春天如雪如霧的櫻花，梅雨時節初夏盛開的紫陽花，
秋天火紅色澤似的楓葉，以及冬天的寒牡丹，
正應了詩人形容的「花開時節動京城」，美得讓人流連忘返。

到長谷寺之前早已聞其名，初聞長谷寺之名是在臺北北投十八份的大慈寺，大慈寺是一九三三年由日僧所創，現存的庭院裡有幾塊當時日本人留下的蓮花片石碑，其中之一尊正面刻有「第八番豐山長谷寺十一面觀音」。

長谷寺位於奈良縣櫻井市東邊瀨山山腰南面，山陵圍繞的細長山谷之中，寺宇以擁有懸造舞台的大悲閣為中心，建有許多堂塔、塔頭，這些建築都是千年時間長河中篩選下來的珠玉，在蒼勁綠木的陪伴下，已和大自然完全融合在一起。

址 奈良縣櫻井市初瀨 731-1
電 0744-47-7001
網 http://www.hasedera.or.jp/

仰望長谷寺。（林美君攝）

「長廊」是長谷寺的一大特色，共有上、中、下三層登廊，廊中掛著橢圓形吊燈籠 被稱為「長谷型」燈籠。（林美君攝）

群山所擁抱的觀音淨土

宋代的楊萬里有一首〈桂源鋪〉說：「萬山不許一溪奔，攔得溪聲日夜喧。到得前頭山腳盡，堂堂溪水出前村。」用來形容長谷寺最為貼切，和日本許多的大寺大社一樣，這裡也有因長谷寺而繁榮起來的門前町，櫛比鱗次卻清爽，排列著艾草餅、醃漬品的山產店、具地方特色的酒鋪、溫泉旅館等，這些民家都沿著參道及淙淙初瀨川展開，漫步其間連毛細孔都感到舒爽。

最先看到的仁王門，是重要文化財，重建於一八八五年，並且由這個地方也可望見散落在山的斜面的堂宇、塔頭，仁王門後是長長的遊廊，不，正確的說是「登廊」（重文，江戶時代始建，第一、第二登廊一八八九年重建）。或許是長谷寺的遊廊是有頂的向上石階，所以稱「登廊」，長廊綿延，以為到了盡頭，但盡頭處還有長廊，原來這登廊分上、中、下三廊，全長約二百公尺、一〇八間、三九九階，引導人們步向山腰的本堂，是日本罕見的長廊。

登廊旁和緩的勾欄，帶著蒼古氣

長谷寺得以「花之寺」為名，因寺院內種滿了七千多株牡丹花。（達志影像提供）

味的列柱，黃昏時刻亮起的橢圓形吊燈，散發著風雅情韻，被稱為「長谷型」吊燈籠，再再使遊人一進門就立刻對長谷寺留下深刻的印象。原本園林中的有頂通道，稱為遊廊或迴廊，具有視覺引導作用，藉由遊廊上下及左右轉折，讓遊園者觀賞園中不同的景致。那麼這座登廊想引領遊客看什麼呢？答案是：花。

其中最著名的是初夏時節的牡丹，牡丹是唐代最受歡迎的花，劉禹錫形容當時的賞花情形說：「唯有牡丹真國色，花開時節動京城。」長谷寺的牡丹有個傳說恰好和唐朝有關。

相傳唐朝的一個長臉皇妃人稱「馬頭夫人」，聽說日本長谷觀音相當靈驗，於是每日祈禱，後來果真變成無與倫比的美女；為了答謝，便供養十種寶物和數株牡丹，自此牡丹就在長谷寺年年開落，至今寺中仍有馬頭夫人社以誌此事。到了江戶時代，長谷寺的僧侶將牡丹當作藥用植物栽培而更加繁茂，枝葉甚至爬上了登廊的屋頂，因而流傳「長谷寺的牡丹盛開在（登廊）頂上」的諺語，也使長谷寺得以「花之寺」知名於世，據說這裡有牡丹七千多株，種類更多達一五〇種左右，是日本最大的牡丹園。

若加上春天極盡華麗如雪如霧的櫻花、梅雨時節的初夏在參道附近盛開的紫陽花，秋天火紅色澤似要延燒到遊人衣服上的楓葉、冬天的寒牡丹，多彩的四季山色像電腦螢幕自動變換畫面的桌布，不但襯托出伽藍之美，也不斷地給予朝山者視覺上的饗宴，洗去遊人心中塵垢。

相對於建於平地的寺院，往往有著嚴整的伽藍配置，建在山斜面上的長谷寺，似乎更展現出日本式的獨特風情，尤其突出於懸崖之上的「舞台造」本堂建築最具美感，和京都的清水寺、滋賀石山寺、鳥取縣三佛寺投入堂和千葉的笠森寺，並列為日本最著名的舞台造建築。

站在舞台之上，眼下即是登廊和諸堂之甍，西邊有造型優美的朱色五重塔，東邊則是雄壯高聳的與喜山。這與喜山相傳是日本神道教天照大神降臨時的「御神體山」，所以禁採樹木，至今鬱鬱蔥蔥。

山麓則有祭祀菅原道真的「與喜天滿宮」，菅原道真在日本人心目中的地位，有點像中國的屈原，因受讒流放九州太宰府而卒，考生在大考前往往到天滿宮前祈求金榜題名。據《長谷寺驗記》，九四六年道真的靈魂曾在這裡出現。此外，長谷地方相

長谷寺大悲閣「舞台造」。（秦就攝）

傳還有水神、雷神等和農耕有關的自然神存在。所以長谷一地不但是佛教名山，也是日本神道教勝地。長谷一地的壯麗景色吸引了日本史上赫赫有名的宇多上皇、藤原道長等也相繼參詣。無怪乎《萬葉集》稱此地為泊瀨山，且自古有豐初瀨、泊瀨等美稱，也因此長谷寺還有初瀨寺、泊瀨寺、豐山寺等稱呼。

不只男性，遠在平安時代從京城經過艱辛旅途來參詣長谷寺的更不乏女性，她們為絕佳的風景及山中神聖的「靈氣」所傾倒，徜徉其間，可以忘卻京城中所發生的愛憎、嫉妒與妄執等諸多煩惱，並油然生起堅定活下去的意志，所以古典名著如《枕草子》、《更級日記》、《蜻蛉日記》、《源氏物語》等由女性所寫的「女流文學」都提到此寺。

大悲閣是長谷寺的本堂，亦是日本著名的舞台造建築之一。（秦就攝）

本堂（重文，江戶時代，入母屋造（註❶），本瓦葺）在奈良時代已創建、十二世紀左右改建成今天所見的繁複構造，最後一次重建是在一六五〇年，江戶幕府三代將軍德川家光手中完成，也成為江戶時代以雄偉出名的代表性建築。本堂的屋頂，在正堂之前形成具有獨特美感的三角形妻面，並懸掛著「大悲閣」額。本堂室內由安置本尊的正堂和禮堂組成，禮堂前則是建在山崖上的寬廣舞台，可以在上頭遠眺瞭望。

這時長谷寺的其他塔院盡收眼底：鐘樓、藏王堂、大黑堂、開山堂、本長谷寺、五重塔、愛染堂、三社權現、馬頭夫人社及壯大的本坊等未能盡數的建築物，巧妙融合在初瀨山色中。

持錫杖的十一面觀音

除了坐落在群山之中的伽藍美景，當然本堂中的本尊十一面觀音的慈悲更是信眾辛苦跋涉的最大動力。

這尊十一面觀音三丈三尺六寸立像（重文），室町時代一五三八年重造，高一〇一八公分，光背十二公尺以上，是日本最大的木造佛像，容易引起朝山者注意的是菩薩右手拿錫杖持念珠，左手拿插著蓮花的水瓶的造形，一般說來手握錫杖會讓人聯想到是地藏菩薩，此尊雕像因為這一特殊的外形，被特稱之為長谷寺式觀音。而且十一面觀音的臉色並非只有慈悲和藹的一面，也有盛怒、叱責的面容。

最初的雕像在七三三年開眼，現存的雕像則是室町時代重刻，檜材寄木造漆箔，條帛和天衣及渦形的衣紋，是平安初期就有的古老雕刻技法，沿用此技法，使此像看起來比實際年代更加悠遠。

相傳長谷寺觀音最初是德道上人（六五六～七三五年）感得而發願刻成，關於十一面觀音像的雕刻過程，流傳著一則神奇故事，這則傳奇見於日本著名的故事集《今昔物語》中。故事說近江國高島郡的海岸因洪水而沖來一根巨木，人們傳說此木會作祟而畏懼不已，大和國有人聽說有此木，便將木頭拖到當麻之鄉，想刻成十一面觀音像，未果而逝，木頭因而閒置。不久，再度傳說巨木會作祟，因為村中頻頻出現病人，在迫不得已的情況下，只好將這根巨木拖棄至長谷川旁。德道上人聽到這個消息，認

仁王門，進入即是長長的遊廊。（達志影像提供）

為這木頭定是靈木，應該雕成十一面觀音像，於是將巨木移到今天的長谷寺所的地方，每日禮拜以等待機會刻成雕像。這樣過了七、八個年頭，消息傳入天皇耳中，在天皇、貴族的幫助下，終於刻成。七三三年，以行基和尚為導師開眼，德道上人依夢示將菩薩像安置在原本埋在北峰泥土中的巨岩上頭。

《今昔物語》裡還有一則日本家喻戶曉的「稻桿富翁」故事，也和長谷寺觀音有關。話說有一個原本貧窮的男人到長谷寺祈求讓他致富，觀音菩薩指示：「珍惜得到的東西！」才出寺這男人就不小心跌倒，手中剛好抓到一根稻桿，他如菩薩的指示珍惜這稻桿，於是隨手將稻桿綁在飛來的牛虻腳上。不久，遇到一個哭泣的小孩因看到牛虻被綁而停止哭泣，男孩母

藏王堂的匾額。（林美君攝）

親便用橘子和他交換。此後男人又用橘子換了布，布換了馬，馬換了田，之後田產不斷增加，終於成為富翁。

故事不但告訴我們要把握、珍惜已擁有的一切，另一方面觀音菩薩的現世利益傾向，似乎也透露了娑婆大眾特別容易和他相應。

除了本尊等佛像之外，長谷寺還有不少寺寶，像經典、曼荼羅、宋版一切經等國寶、重要文化財。豐山文庫則收藏了許多貴重的學術書籍。

長谷寺在一九〇〇年獨立成為真言宗豐山派總本山，末寺有三百多寺。這宗派的形成是這樣的：空海大師開真言宗後，到了平安末期一時有衰退跡象，於是已離開高野山的興教大師覺鑁以紀州根來為中心，企圖復興真言教學，而有鎌倉時代新義真言宗的成立，但以根來寺為中心的新義真言宗後來受到豐臣秀吉的攻擊而毀。進入桃山時代，玄宥、專譽兩學僧離開根來寺，其中玄宥在京都智積院，專譽則以長谷寺為繼承真言宗的學問寺，使真言宗得以在此發揚光大。

註1 入母屋造，即歇山頂，歇山式屋頂，宋朝稱九脊殿、曹殿或廈兩頭造，清朝改今稱，又名九脊頂。為中國古建築屋頂樣式之一，在規格上僅次於廡殿頂（寄棟造）。歇山頂亦有傳入東亞其他地區。

法隆寺

奈良

斑鳩地區

法隆寺

太子發願建殿堂

法隆寺是個寶庫，
有五十餘棟建築物屬於國寶或重要文化財。
有人說，大和是日本人的心靈故鄉，
而故鄉中心是美和信仰的殿堂——法隆寺。

址 奈良縣生駒郡斑鳩町法隆寺山内１の１
電 0745-75-2555
網 http://www.horyuji.or.jp/

法隆寺中門是日本國寶，兩旁的仁王像是日本現存最早，且是天平時代唯一的仁王像。（張晴攝）

法隆寺是日本聖德太子所建的伽藍，也是現存世界上最早的木造建築群，而充塞其中數量龐大的佛像、寶物，更被視為是世界古文化的重要源頭、美術聖地。一九五四年，聯合國教科文組織根據《文化財保護國際條約》，特別保護這些古文化財集中地帶。一九九三年十二月，法隆寺成為日本第一個世界文化遺產。

法隆寺是一個具有特殊意義的寺院，它被登錄為世界遺產的理由：法隆寺區域中有世界最古老的木造建築物群，這裡以法隆寺、法起寺為首，營造了許多佛教寺院，這些寺院至今仍持續舉行著宗教活動。

法隆寺從七世紀初開始，現在的伽藍由西院、東院和子院群組成，西院是七世紀後半到八世紀初重建，而東院是八世紀前半所建。西院的主要建造物金堂、五重塔、中門、迴廊，是現在中國和朝鮮都不存在的樣式，乃初期的佛教木造建築。兩院的其他主要建造物，主要在八世紀到十三世紀所建。周圍的子院則從十二世紀左右開始而逐步增加，其中許多是十七世紀到十九世紀的建築物。將這些建築物全數加起來，可以說是訴說日本佛教寺院發展的全部歷史。

法隆寺確實是個寶庫，光建築物就有五十餘棟國寶、重要文化財。所以有人說，大和這地方是日本人心靈的故鄉，而這個故鄉的中心乃是美和信仰的殿堂——法隆寺。

西院伽藍

法隆寺面積達十八萬七千平方公尺，飛鳥時代為首的各時代精華建築物櫛比鱗次，大體可分為以金堂、五

法隆寺的迴廊，是早期佛教建築的樣式。（林美君攝）

重塔為中心的西院和夢殿、傳法堂等為中心的東院兩大部分。

西院伽藍是法隆寺的中心，金堂和五重塔左右並列，成為極富趣味的伽藍配置，不只說明了飛鳥時代的特色，又因為這一地區的建築年代各異，漫步其中，好像也在回顧法隆寺的歷史。

踏入西院南大門，白色的碎石子路在眼前展開，聖德太子所喜好的松林，映照著因年代久遠而色彩剝落的古老堂塔，這種景致，尤為喜歡素木文化的日本人所鍾愛，因為沒有過度的色彩，給人一種深邃的感覺。遠眺這些建築時，彷彿在欣賞著水墨畫，心思也為之寧靜。

從飛鳥時代以降，日本美術就和佛教密不可分。從埴輪（陶製人偶）變成佛像、從古墳變成寺院，尤其在出土文物以茅葺家屋為主的時代裡，五重塔的興建是日本建築、美術史的大變革，如果沒有佛教的力量，這種外形優美的建築，或許永遠不會出現。

法隆寺的五重塔高達三十一點五公尺，和金堂一樣都建在雙重基壇上；而其細部和建築樣式也和金堂、中門等同形式，屋簷的大小並以十、九、八、七、六的比率逐層遞減，給人明快卻不失莊重的感覺。塔最下面一層的內部四方，可以看到表現佛經故事的塑像。東邊是維摩、文殊的問答，西邊是佛陀入滅後分割舍利的情景，南邊是彌勒淨土，北邊則是涅槃光景，且都以須彌山為背景，頗為特殊。這些塑像雖也有後世所修補的，但多數和中門的仁王像一樣，都在七一一年所造。

金堂號稱飛鳥建築之雄，是一瓦葺、五間四面的雙層入母造建築物，因有「裳階」，所以看來像三層。金堂也明示了飛鳥時代的建築特色——和中門迴廊及五重塔一樣，都建在二重基壇之上。

位於內陣的釋迦三尊像有著古希臘雕刻所特有微笑，是飛鳥時代的代表性佛像，形式受中土北魏的樣式影響，三尊像被同一光背所覆，軀體扁平缺立體感等，也是當時中土佛像所共有的特徵，而這正是飛鳥時代雕刻的特質。

法隆寺由於年代久遠，創建年代甚至被人們遺忘，後來因安置在金堂的藥師如來像光背的銘文而解開。根據該銘文，五八六年天皇為自身病痛而發願造藥師如來，但願望未能達成而駕崩。推古天皇繼承其遺志，推古天皇之子聖德太子在六〇七年造藥師如來像並建寺，成為法隆寺的發端。當時法隆寺也稱斑鳩寺，正式名稱為法隆學問寺。

法隆寺五重塔。（林美君攝）

法隆寺金堂是世界最早的木造建造物。（林美君攝）

金堂四個角落所置的四天王像是飛鳥末期所做木雕，腳踏惡鬼直立而站，是現存日本最早的四天王像。

講堂是法隆寺教學和修行的場所，比金堂、五重塔晚建，九二五年燒毀，九九〇年重建，因而外觀上有平安時代的特色。堂內中央的藥師如來和兩脅的日光、月光菩薩，四角落的四天王像，是平安時代的代表性佛像。講堂的左右有迴廊聯結經藏（平安時代後期）和鐘樓（平安時代前期），經藏原是收藏一切經的地方（現已不藏經），而鐘樓之內有日本最古的銅鐘（奈良時代前期）。

中門（國寶）到大講堂（國寶）為止有迴廊（國寶），柱子是希臘酒壺式（entasis）的圓柱，特別是中門內側和迴廊的列柱被認定是壓卷之作。

聖靈院是位在東室南端的堂院，和西室同為僧寮。平安時代末期重建時，在東室南端一角安置聖德太子攝政像及太子的小孩、太子之師惠慈的像等，於是成為今日的聖靈院。聖靈院和三經院，是平安、鎌倉時代盛極一時的太子信仰的產物。

聖德太子（五七四～六二二年）是日本史上重要的人物，他曾派遣隋使制定冠位十二階，及以佛教精神為中心的〈十七條憲法〉等，是一位對日本古代政治極有貢獻的政治家。也因此，他成為許多日本人崇拜的對象，甚至產生許多有關他的傳說。例如有人將他和救世觀音等同視之，或認為他是中土天台宗二祖的轉世；甚至有他的前世慧思曾拿過的《法華經》，由遣隋使小野妹子請回日本的傳說。他以佛教為國教，撰有《勝鬘經義疏》、《維摩經義疏》、《法華經義

法隆寺大講堂，堂內中央的藥師如來和日光、月光菩薩及四天王像是具有代表性的平安時代佛像。（林美君攝）

疏》等，是使佛教在日本發揚光大的大護法。因為這個傳說，創立日本天台宗的最澄對聖德太子的信仰也極熱衷。

戰後，法隆寺懷念聖德太子的事蹟和教訓，乃獨立自為聖德宗，並成為此宗的總本山。

大寶藏院

過聖靈院向北、食堂後方，有著七世紀後半建築樣式的新建築，是為安置著名的百濟觀音而新建，以百濟觀音堂為中心，分為西寶藏和東寶藏兩區的大寶藏院。這是一處可以慢慢欣賞法隆寺著名寶物，擁有現代設備的寶物館，於一九九八年落成。

百濟觀音（國寶，飛鳥時代）如何傳到日本是個謎團，法隆寺中最古老、最重要的古紀錄——七四七年的

法隆寺大寶藏院，裡面收藏著名的百濟觀音。（秦就攝）

《法隆寺資財帳》中，沒有此像的紀錄。相傳是百濟的佛像雕塑師所造，木雕高二一〇公分，瘦高而莊嚴，雕像的作風異於一般佛像，到了以瘦為美的現代，評價更勝以往。「玉虫廚子」據說原是推古天皇所擁有，不管從建築、繪畫或工藝的角度來看，它都是珍貴的極品。

廚（相當「櫥」）子中宮殿部的邊緣所飾的透雕金具之下，原本敷貼有著霓虹色彩、日本稱為玉虫的羽翼，所以人們稱此廚子為玉虫廚子，不過現在幾乎已全部剝落。其中宮殿部的建築樣式比金堂的形式更古老，是飛鳥時代的貴重遺構。內部、側面貼壓著千佛像的銅板，安置金銅菩薩立像。

建築樣式和金堂、五重塔、中門一樣，可謂飛鳥時代建築的小樣本。

四壁和上層的門有繪畫，是中土六朝時代的繪畫樣式，內容則是和佛教相關的故事和釋迦的本生談。金屬部分可見的「唐草模樣」和下方的蓮瓣形式，顯示飛鳥時代工藝技術精湛水準。

另一個著名的櫥子，則是被稱為橘夫人的念持佛殿的「橘夫人廚子」（國寶），櫥子內的阿彌陀三尊也很著名。此外，還有夢違觀音像（國寶）、九面觀音像（重文）、百萬塔（重文）、伎樂面（重文）等貴重寶物。

東院伽藍

盡情欣賞西院伽藍後，過東大門即可到達東院伽藍，東院所在地原是聖德太子的住處——斑鳩宮原址。聖德太子一族勢力衰退後，到了七九三年，悲嘆斑鳩宮荒廢的行信僧都在這裡建造了後世稱為「夢殿」的八角形圓堂（國寶），它是模擬八葉蓮花而建，是全日本最早的八角殿堂，屋頂中央蓮座之上且有寶瓶、寶蓋、寶珠等精心設計。原本人們只稱夢殿為佛殿，從何時開始稱為夢殿已不可考。

堂中供養救世觀音像（國寶，飛鳥時代），由於人們相信太子是救世觀音的化身，而此尊觀音又和太子等身，所以此伽藍建立的，目的也有追懷聖德太子的意義。這一金色尊像，今猶燦然，是一尊高站在三十多公分台座、高約一八〇公分的木雕，銅製寶冠鑲雕精細、極盡華麗之能事。捧寶珠的右手掌向外，雖在其他飛鳥時期的作品中也可看到，但仍是極稀有，是一尊祕佛，只在春、秋特別公開期間才開放。堂內還有復興東院的行信僧都和道詮律師像（兩者皆國

法隆寺的夢殿。（張晴攝）

寶）。

夢殿建立後，東院便以此為中心，又建立了講堂（國寶，傳法堂）、僧寮等伽藍。後來隨著鎌倉時代聖德太子信仰的興隆，又陸續興建了繪殿、舍利殿（重文）、鐘樓、禮堂（重文）等，最後在迴廊營建之後，即是現今所見壯觀的東院伽藍的規模。

其中東院鐘樓（國寶，鎌倉時代）保存完好，其梵鐘是奈良時代所鑄，上有「中宮寺」的陰刻銘，原本或許不屬法隆寺。

風景宜人的法隆寺與法起寺

和法隆寺一起被登錄為世界文化遺產的法起寺是七世紀所創建的寺院，和法隆、四天王寺、中宮寺等同是太子所建立的七寺之一。據《聖德太子傳私記》記載，太子於臨薨之際遺命長子山背大兄皇子，將聖德太子講過《法華經》的岡本宮改為寺，這即是法起寺的緣起。寺中的三重塔（國寶）完成於七〇六年，也是僅存的當時建築，是日本現存最古的三重塔。

法隆寺不但是古建築的活寶庫，也是一個風景宜人的地方，每年春天，到此寺賞櫻的遊客摩肩接踵。

法隆寺的夏安居據說是因聖德太子的遺命而開始，每年會開設「法隆寺夏季大學」課程。九月末開始看到芒草穗，接著境內的柿子和紅葉也開始染色，十月的黃昏彩霞最美，由夢殿的東邊望向西邊的天空，像火燒般的布幕。

每年十一月十三日會舉行紀念創立法相宗、玄奘法師弟子窺基的「慈恩會」，此時剛好也是楓葉最美的時刻，最令遊客流連忘返。

舉行「慈恩會」時，正也是法隆寺的楓葉最美的時刻。（林美君攝）

金峰山寺

奈良

吉野地區

金峰山寺

吉野山中藏王堂

吉野山成為世界著名的賞櫻去處，
是因進獻櫻樹的風氣使然，
進獻櫻樹則因金峰山寺藏王權現信仰之故。
明治以前的金峰山寺是山上、山下兩藏王堂，
以及相關子院的總稱，
今日的金峰山寺指的是山下藏王堂，
是金峰山修驗本宗的總本山，
二〇〇四年登錄為聯合國教科文組織的世界遺產。

址 奈良縣吉野郡吉野町吉野山
電 07463-2-8371
網 http://www.kinpusen.or.jp/

藏王堂前廣場，以石柵圍繞的「四本櫻」和銅燈籠。（秦就攝）

金峰山寺仁王門，可說是紀伊山地的靈場和參詣道的入口。（秦就攝）

金峰山寺的開祖役行者像。（秦就攝）

日本是櫻花國，吉野櫻更是名滿世界，日本人提到吉野，除櫻花之外，還會聯想到日本的南北朝。但不管櫻花或南北朝，兩者都和金峰山寺有著極大關係。

混雜山岳與神佛思想的修驗道

吉野山位於奈良，屬紀伊山地的北端，乃是大和平原地區的水源源頭，

修驗者的裝束。（秦就攝）

所以自古就被視作神所住的聖地。

據說役行者是大和葛城地方的望族賀茂氏，名小角，曾在葛城山修行，約在七世紀中葉，他進入吉野山地並開闢修驗道道場，因此後世認定役行者是修驗道的開山祖師。

修驗道乃修行者在山裡進行嚴格的修行，是日本古神道的山岳信仰和佛教合流，再加上道教、陰陽道等形成的日本獨特宗教。

修驗道的實踐者稱為修驗者或山伏，因役小角終生在家，所以修驗道繼承祖師遺風，有較多是在家信眾。他們以日本各地的靈山為修行道場，進行嚴格的修行，透過苦行和修練以贖罪滅穢，並在和大自然的靈氣接觸後，自覺獲得新生命的喜悅，進而體驗即身成佛，並獲得超自然的「驗力」，這一「擬死再生」的過程即是修驗道的本質。

修驗道在平安時代開始興盛，因為和密教的關係較強，所以被視為佛教的一派，而非獨立的宗教。

一六一三年，江戶幕府制定修驗道法度，修驗道必須屬於真言宗系當山派或天台宗系本山派。當山派以醍醐寺三寶院所開的理源大師聖寶為發端，本山派則是園城寺增譽所建立的聖護院，祀熊野三所權現。真言宗和天台宗獲得眾多皇族、貴族的信仰，

而修驗道的修驗者則和庶民有較深的關係。時至今日，奈良縣吉野山的金峰山寺（金峰山修驗本宗）、京都市的聖護院（本山修驗宗）、醍醐寺三寶院（真言宗醍醐派）等都是修驗道的信仰據點。

金峰山寺在十世紀初由理源大師修復，因宇多上皇等人的參拜而聞名全日。當時為了表示慎重，參訪金峰山寺須先進行齋戒，稱為「御嶽精進」，再穿著淨衣參訪，參訪金峰山稱為「御嶽詣」。

平安中期以後，普遍流傳末法思想，希望來世能往生極樂的貴族們，紛紛參訪金峰山寺。一〇〇七年，讓藤原家登上權力高峰的藤原道長到訪該寺，他將《法華經》放入鍍金銅筒，埋在山中，並建立經塚。

進入平安後期，貴族們漸漸僅到達山下的藏王堂，而不到金峰山的深山之中，於是山下的藏王堂成了整個金峰山的中心。

當時的金峰山不但有廣大的寺領莊園，而且還擁有一支僧兵武力。後醍醐天皇看到這一點，而在一三三六年逃到吉野山，開吉野朝，南北朝正式分裂。藏王堂後來也因此在北朝的進攻下燒毀。

但歷史上金峰山寺最大的劫難，應是明治初期的神佛分離令。一八七四年，金峰山寺被廢。山下的藏王堂改成金峰神社的「口之宮」，而山上的藏王堂則成為「奧之宮」。雖然一八八六年以後，佛寺得以恢復，但從此由奧之宮改回的寺院名為「大峰

金峰山寺藏王堂入口。（達志影像提供）

山寺」，而口之宮改回的寺院名為「金峰山寺」。

樸質的堂宇

今日的金峰山寺是金峰山修驗本宗的總本山，二〇〇四年並登錄為聯合國教科文組織的世界遺產。

參訪海拔三六四公尺的金峰山寺通常坐纜車，下車後沿著街町道路行走，先後經過黑門、銅鳥居、仁王門，接著金峰山寺的伽藍便進入眼簾。筆者初次參訪金峰山寺，因為是沒有櫻花的盛夏午後，街町少有行人，店家的提燈在微風中飄搖，卻很能享受這份靜寂所帶來的輕鬆與自在。

銅鳥居（重文，室町時代）的粗柱立在蓮華座上，可視為日本自古以來的神佛混淆思想的產物。金峰山寺的

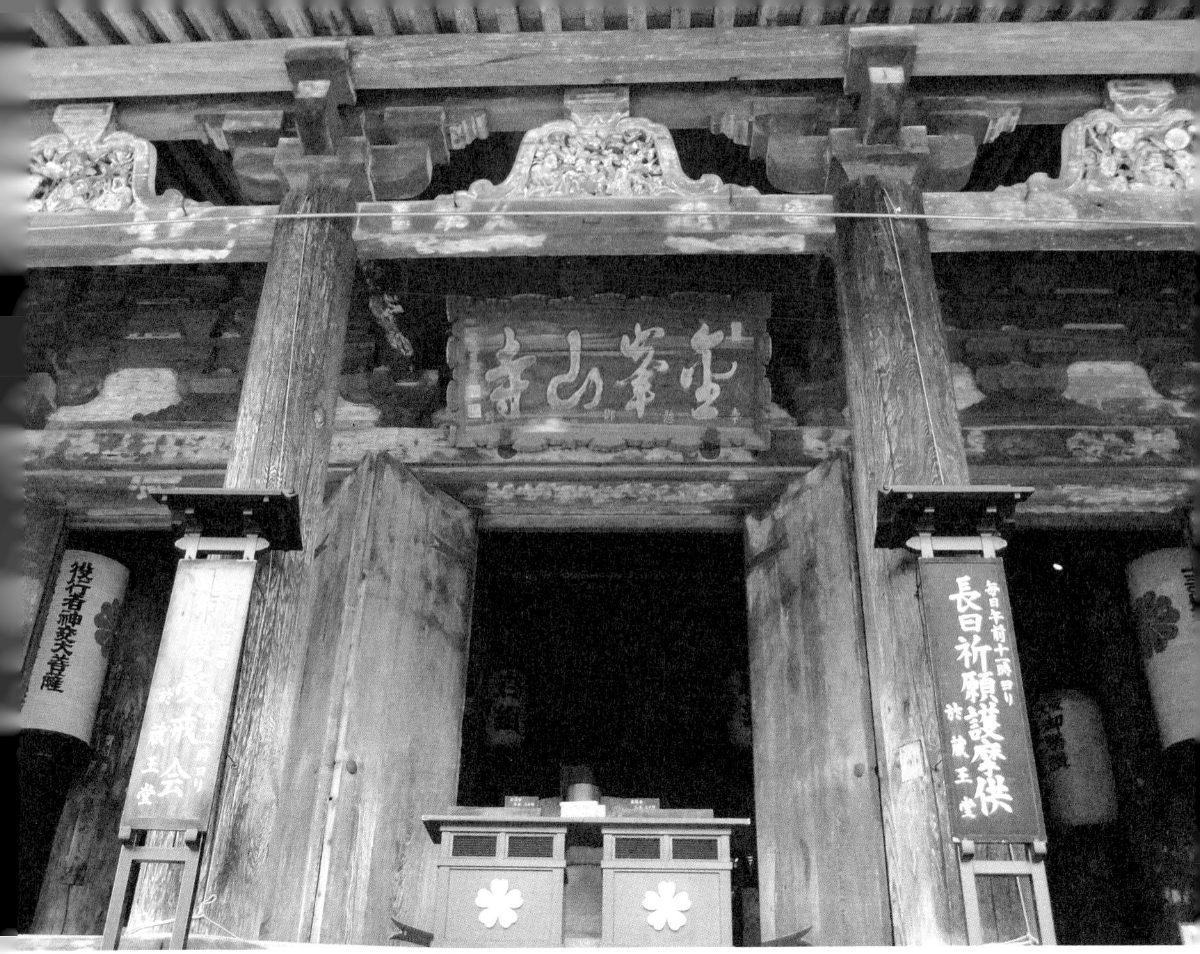

仁王門（國寶，室町時代）在昭和時代解體時，得知建於一四五六年，不但歷史悠久，而且此門不但是金峰山寺的入口，同時也可說是通往大峰、熊野的修驗者的入口。

日本的仁王門左右都會立金剛力士，傳說力士之名是因金剛有如鑽石無比堅硬，金剛杵是無敵武器，所以手持金剛杵的金剛力士成為佛教護法。

但另有一說，說兩尊仁王的稱呼一叫金剛，一名力士。唐時安祿山之亂，倉皇逃難的玄宗所率部隊來到馬嵬坡時就不動了，他們要求要處死楊貴妃，被派去執行此一任務的就是權傾一時的宦官高力士。高力士的名字是他被選為宦官，在進宮時取的，並非本名，和他同時進宮的另一個小宦官名則叫高金剛，也就是說他們的名

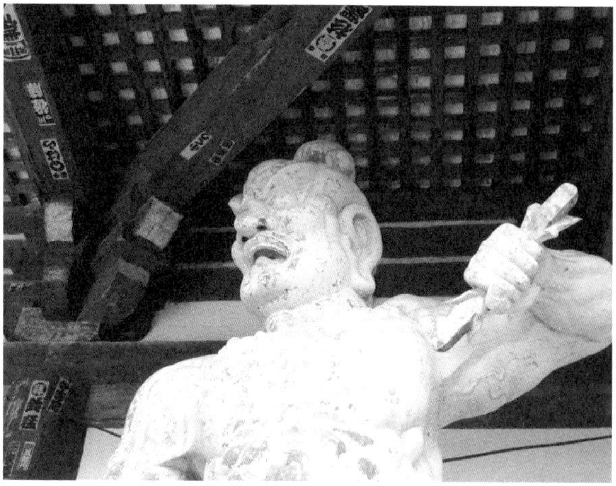

右／掛於藏王堂（本堂）的金峰山寺的額匾。（秦就攝）

下／金鋼力士（阿形）威猛造形，令人印象深刻。（秦就攝）

字合稱金剛力士，只是後來高金剛早逝，所以也就不像高力士名顯於世。

佛教從印度傳至北方較為寒冷的中國，大概覺得力士半裸會冷吧，所以龍門和雲岡的力士像都穿著鎧甲。但日本的仁王，往往仍保有上身半裸，露出結實肌肉的造型，金鋒山寺仁王門的金剛力士立像（木造，鎌倉時代），由墨銘得知一三三八年由佛師康成製作。康成利用箱狀木材組合成身軀。雙腳當中非身體重心所在的那一隻腳，是在腰以下的地方，用另一根木材以傾斜角度接續。

過仁王門後登上石階，就可看到高達三十四公尺，寬三十六公尺四方的巨大建築——金峰山寺的檜皮葺本堂藏王堂（國寶），這建築是安土桃山時代的產物，由豐臣家重建，大柱都未經雕鑿，而且經歷歲月的洗禮，整體給人厚重的感覺，讓參訪者彷彿置身森林，和大自然靈氣相接。

躍動的藏王

修驗道本尊是役行者所感應的藏王權現。傳說役行者在山上岳祈求適合

安置於藏王堂外陣東北角的木造藏王權現立像，原是安禪寺的舊本尊，有著栩栩如生的動作表情，引人注目。（秦就攝）

這濁世佛菩薩現身，結果釋迦如來、千手觀音菩薩、彌勒菩薩相繼出現在他面前，但最後天地轟然一響，出現在他眼前的卻是現忿怒相的藏王權現。

三尊祕佛藏王權現立像（重文，檜木寄木造，安土桃山時代），中尊高達七二八公分，右尊五九二點五公分，左尊六一五公分。中尊代表釋迦如來，象徵解救眾生的過去世（前世），右尊代表千手觀世音菩薩，象徵解救眾生的現在世（現世），左尊（五九二公分）則象徵彌勒菩薩，解救眾生的未來世（來世），是修驗道的根本本尊。因為是祕佛，平常都收藏於寺中，每年只公開幾天。

三尊都現降伏惡魔的兇惡形象，右手握三鈷杵，手臂上舉，左手第二、三指結刀印指向腰，代表切斷情欲迷惘，左足踩盤石，右足抬腳做欲踢的動作，代表調伏充滿於虛空的惡魔。至於各像背後的火焰則代表偉大智慧，青色佛身象徵甚深慈悲。

另有一安置在本堂外陣東北角的木造藏王權現立像（重文，鎌倉時代），製作年代比三尊祕佛本尊歷史更早，是安禪寺的舊本尊，該寺原本位於吉野山深處，在明治神佛分離時廢寺。立像高度超過四百五十五公分，雖然是一尊巨大雕像，卻能呈現向斜上方跳躍的動感。這是因為支撐身體的左腳是用另外材木插入的方式做成，也讓這雕像得以綻放出力與美。同樣安置於外陣東側的重要文化財還有木造聖德太子立像（重文，鎌倉時代）等。

外陣西側則有一六六一年獻給此寺的板繪著色迴船入港圖額（重文，江戶時代），長四五五公分，高二八八公分，這麼大的繪馬頗為少見。

愛染堂的木造愛染明王像，像高一百〇八公分，製作於江戶時代。三眼六臂的忿怒像，手持金剛杵、五鈷鈴、蓮華、弓、矢等。身軀漆成紅色，但剝落頗為嚴重，背後的火焰圓光象徵燒盡煩惱。

本堂前的廣場植有四株櫻樹，以石柵圍繞，稱為「四本櫻」。是一三三三年大塔宮護良親王受北朝軍隊攻擊，在城陷之前，最後舉行酒宴的地方。石柵內所立的銅燈籠（重文）做於一四七一年。

花霧吉野山

役行者在金峰山的山上岳感應到藏王權現後，用山櫻木刻其形象，分山上岳和吉野山兩處供養，草創了金峰山寺，山號為國軸山，意思是國家中心的山峰。

所謂吉野山並非一座山峰，而是從吉野川南岸到大峰山脈南北橫亙約八公里的諸山的總稱，其間散布著不少寺社。吉野山的金峰山寺和山上岳的大峰山寺，往昔前者稱為「山下的藏王堂」，後者稱為「山上的藏王堂」，而明治以前所謂的金峰山寺是山上、山下兩藏王堂和相關子院的總稱。

因為最早的藏王權現刻於櫻木上，所以櫻木被認為是藏王權現的神木。到了平安時代，櫻花成了供養藏王權現的花，獻櫻的風氣漸盛，當時的遊記就已經有拿著鐵鍬和櫻樹苗在各街道路口的商人，販賣櫻樹給參訪者的記載，可見在吉野植櫻的風氣淵遠流長。又因當時全山皆屬金峰山寺所領，所以不管植於何處都無妨，於是吉野山全山漸漸遍植櫻樹。最大規模的進獻櫻樹紀錄是在一五七九年十二月，由大阪的富豪末吉勘兵衛進獻櫻樹苗一萬株。

昭和時代的調查，包含幼株在內，全山推定約有十萬株，即使櫻樹老株易得病枯死，現在也還有三萬五千株左右，年年彩繪著吉野山，種類多是白山櫻，和一般花開後才冒芽不一樣，白山櫻是在冒新葉的同時開花。

吉野山成為世界著名的賞櫻去處，是因進獻櫻樹的風氣使然，而會進獻櫻樹則因藏王權現信仰，所以國人若到吉野山賞櫻，也切勿忘記參訪世界文化遺產金峰山寺。

花霧吉野山。（達志影像提供）

大和古寺慢味

禪味

大和古寺慢味

琉璃文學 23

禪味奈良——大和古寺慢味

The Zen Flavor of Nara
Savoring Yamato's Ancient Temples

著者	秦就
攝影	達志影像、李賀敏、秦就、陳志榮、許朝益、張晴、張錦德、童淑蔭、薛惠芳、釋果品、孟家瑋（http://softfocus.pixnet.net/blog）、林美君（坂上嵐，http://tw.myblog.yahoo.com/tender-moon/）
出版	法鼓文化
總監	釋果賢
總編輯	陳重光
編輯	李金瑛
美術設計	周家瑤
地址	臺北市北投區公館路186號5樓
電話	(02)2893- 646
傳真	(02)2896-0731
網址	http://www.ddc.com.tw
E-mail	market@ddc.com.tw
讀者服務專線	(02)2896-1600
初版一刷	2012年2月
初版五刷	2021年1月
建議售價	新臺幣300元
郵撥帳號	50013371
戶名	財團法人法鼓山文教基金會—法鼓文化
北美經銷處	紐約東初禪寺 Chan Meditation Center (New York, USA) Tel: (718)592-6593 Fax: (718)592-0717

法鼓文化

國家圖書館出版品預行編目資料

禪味奈良：大和古寺慢味／秦就著. -- 初版. --
臺北市：法鼓文化, 2012. 02
面； 公分
ISBN 978-957-598-579-0（平裝）

1. 寺院 2. 旅遊 3. 日本奈良市

227.31 100026771